ÍNDICE

Fantasia do poeta, *por Carlos Augusto Calil, 9*

CORDÉLIA E O PEREGRINO
    Interlúdio elegíaco, *18*
    Cordélia e o Peregrino, *19*

ORFEU DA CONCEIÇÃO
    Radar da batucada, *47*
    Tragédia carioca, *51*
    Comunicado aos artistas, *113*
    Minha experiência teatral, *115*

PROCURA-SE UMA ROSA
    Uma experiência, *123*
    Peça em um ato, *125*
    Delegacia de Poesia, *153*

AS FERAS (Chacina em Barros Filho)
    Tragédia pau-de-arara, *157*

POBRE MENINA RICA
    Sonho bom, *217*
    Trailer, *219*
    Pobre menina rica, *225*

ENSAIO (projetos interrompidos), *255*

FANTASIA DO POETA

Carlos Augusto Calil

> Tudo isso [...] obedecendo à fantasia do poeta...
> *Cordélia e o Peregrino*

"Em primeiro lugar sou poeta. Todas as minhas outras atividades artísticas decorrem do fato de que sou poeta antes de tudo." Assim Vinicius de Moraes definia para o repórter de *Le Bulletin du Festival International de Cannes*, de 17 de maio de 1966, uma vocação de poeta total que até então parecia se dividir entre a poesia, a música, o cinema e o teatro. Membro do júri do festival de cinema mais importante do mundo, Vinicius sonhava com parcerias com Glauber Rocha, para quem reservara uma adaptação musical do *Dom Quixote* — a Ópera do Nordeste —, com Leon Hirszman, que acabaria assinando o filme *Garota de Ipanema*, mas acalentava principalmente sua própria estréia na direção cinematográfica, levando para a tela, no ano seguinte, "uma comédia musical que escrevi para o teatro, com música de Carlos Lyra. Gostaria de realizá-la em co-produção com a França, com Catherine Spaak no principal papel feminino e Antônio Carlos Jobim no masculino". Todos sabemos que a carreira de cineasta de Vinicius nunca decolou, e não por falta de empenho dele; pouco se sabe, no entanto, sobre seu investimento como autor de teatro, além da aparentemente episódica, e bem-sucedida, experiência do *Orfeu da Conceição*.

Na edição que preparou em 1968 de sua *Poesia completa e prosa* (Editora Nova Aguilar), Vinicius incluiu ao final da rubrica "Poesia" uma seção que intitulou "Teatro em versos", que apresentava, além do *Orfeu*, premiado no Concurso de Teatro do IV Centenário da Cidade de São Paulo, o poema dramático "Cordélia e o Peregrino". Escrito em 1936, ficou fora da edição de *Cinco elegias*, de 1943, provavelmente devido à sua autonomia e certo pendor para ser declamado, para só vir a público em 1965, numa edição patrocinada pelo Serviço de

Documentação do MEC. Publicação tão tardia obriga o poeta a justificá-la. Alegando ser o texto um testemunho de "sinceridade e paixão", Vinicius quer mesmo é preencher uma lacuna na sua história íntima, cuja trajetória da metafísica à física dos corpos ficara sem o registro de "uma queda em suspensão": "Tudo me arrasta/ À terra que me apavora".

Cordélia, ideal feminino, "mulher que não existe", arrancará o Peregrino do espaço onde é subjugado por uma imensa angústia, decorrente de seu "grande temor de morte". O poeta sem pouso é um ser dividido entre "dois mundos" ainda inconciliáveis: "o efêmero que vivemos, e o íntimo que morre conosco". Por isso a sua "linguagem é escura como o sono da carne cansada".

Esse poema hierático, dificilmente teatralizável, contém o germe da mudança que arrancará o Peregrino (um evidente duplo do primeiro Vinicius) "da sua sordidez", digamos, transcendental. Deixa para trás um olimpo invisível, onde atua como coadjuvante governado por forças insondáveis, para fixar-se num plano "infinitamente mais próximo da terra", no qual será sujeito de sua própria biografia. Acionada, a "fantasia do poeta" lança mão de qualquer expediente para fazer valer a sua plena condição de lírico: " Sou apenas um homem/ E sua voz".

Orfeu da Conceição, cuja súbita inspiração ocorreu-lhe em 1942, graças a um processo que Vinicius chamava de "mecânica inconsciente", transporta o mito primitivo para uma realidade igualmente primitiva mas ao alcance de quem tenha olhos para ver: o morro, a favela, o lugar da discriminação onde são confinados em sua pobreza atávica os negros, que só têm uma alegria, o breve "momento de sonho/ Pra fazer a fantasia/ De rei, ou de pirata, ou jardineira/ E tudo se acabar na quarta-feira".

"Tristeza não tem fim/ Felicidade sim...", o lema de Orfeu, na canção composta para o filme de Marcel Camus, decorre de uma opção consciente de Vinicius, confessada na entrevista de Cannes: "[...] sou essencialmente um poeta, e como poeta saboreio plenamente tudo o que a vida pode oferecer de bom e de belo. Mas prefiro a tristeza à alegria, porque acho-a mais criativa. Se isto constitui uma filosofia, eis então a minha".

Não surpreende, portanto, a escolha do gênero — tragédia, mas com adjetivo, "tragédia carioca", para sublinhar a opção pelo aqui-e-agora, enunciado simplesmente como "tempo: o presente". A carga dramática do mito do cantor que perde a musa e cala, temperada com uma quedinha pela melancolia, que estimula os músculos da criação, a perspectiva de falar da dignidade dos negros para brancos indiferentes, a possibilidade de mesclar teatro com música, por meio de canções que surgem naturalmente da lira de Orfeu, tudo converge para uma experiência que marcará fundo a obra de Vinicius. Sabe-se que ele, apesar das queixas com relação ao resultado financeiro da montagem, sempre prezou a obra e sua encenação.

A forma teatral não aprisiona Vinicius, escritor indisciplinado que sempre necessitou da norma para adquirir o domínio da sua linguagem. Foi o maior sonetista de sua geração, perícia conquistada em incansáveis exercícios de imitação, balizados por um confesso fascínio pelos sonetos de Shakespeare. As "necessidades líricas" de *Orfeu...* são convencionais, os atores são meros "portadores da palavra poética", a mesma que contamina as rubricas da peça, chamando a atenção de um leitor anônimo, que, num texto inédito, advertiu Vinicius sobre alguns problemas técnicos de uma futura montagem, pois nem sempre estão indicados com a precisão necessária que personagem entra ou sai de cena e quando. Na mesma análise, que Vinicius conservou entre seus papéis, o amigo investido do papel de um competente crítico aponta certas inexeqüibilidades: a revoada de pombos no palco, o gato que deve esfregar-se na perna de Orfeu, a borboleta negra que "adeja em torno dele". Percebe o segundo ato como balé puro e aponta no terceiro a falta de progressão dramática que parece precipitar a ação, além de uma expectativa internalizada pelo espectador. Se a forma não inibe o escritor de teatro, o mito não lhe oferece muitas alternativas, impondo um desfecho que desafina ligeiramente do tom geral impresso à adaptação. A loucura de Clio, sua feroz rejeição à memória de Eurídice, o súbito desligamento de Mira, a mansa alienação de Orfeu, não predispõem para o sacrifício do cantor, executado pelas negras Bacantes enciumadas. De resto, sua morte é mesmo incompleta. A "Mulher, a Morte e a Lua" reunidas para extinguir Orfeu, a "alma da rua", não silenciaram sua voz de poeta.

Consciente das limitações de sua tragédia negra, Vinicius fala com orgulho da peça que movimenta "mesmo imperfeitamente, como acredito seja o caso [...], mas com sinceridade, as grandes forças da paixão humana". Mas não é apenas a sinceridade que sustenta o orgulho do poeta. *Orfeu da Conceição* introduziu uma qualidade lírica rara no teatro brasileiro, resultante de uma alta concentração de poesia num texto em que estão habilmente harmonizadas as linguagens alta e a vulgar, que, para a época, faz uso desabusado da gíria.

Alguns elementos da transposição resultaram particularmente eficazes: a impressionante imagem da Dama Negra, velha e esquálida, envolta num manto branco, que — com a voz de Eurídice — convoca

Orfeu para a última jornada; a associação entre o inferno e a cidade em pleno Carnaval que permite ao poeta, além do elogio da folia, elaborar uma metáfora poderosa: Orfeu, quando *desce* à cidade, revela seu caráter secreto, *a cidade como inferno da favela*, vista até então como o lugar do idílio e da beleza. Com sua sinceridade e coragem, e uma calorosa fraternidade com os negros, Vinicius conseguiu realizar seu intento: produzir uma "legenda cheia de vida, tragédia, música, poesia e trepidação". Conhecendo-lhe o temperamento, não devemos descurar do peso que teria atribuído a essa última palavra, apenas e só aparentemente deslocada no contexto.

Sem um projeto nítido de carreira teatral, Vinicius mergulha na atividade sempre muito absorvente de compositor e letrista. Seu próximo trabalho em teatro lhe será encomendado em 1960-1 por alguém que ficara tocado pela força de Orfeu, o seu diretor Leo Jusi, envolvido, com Hélio Bloch, na criação de uma nova casa de espetáculos no Rio, exclusivamente destinada a autores nacionais: o Teatro Santa Rosa. O espetáculo de estréia foi uma experiência curiosa, uma peça baseada numa breve notícia de jornal intitulada "Procura-se uma rosa". O recorte foi distribuído a três autores — Pedro Bloch, Vinicius e Gláucio Gill — a quem se solicitou um ato, escrito com toda a liberdade de fabulação, sobre o pretexto fornecido pela notícia. Os três atos assim reunidos comporiam uma peça em forma de tríptico, apresentando diferentes pontos de vista de uma mesma e vaga história.

A *Rosa* de Vinicius se passa num único cenário, reproduzindo realisticamente uma delegacia de polícia carioca. Numa cena de filme B policial americano, anos 40, estabelece-se uma atmosfera rarefeita, que desenvolve um clima de crescente desespero. Como nada de fato acontece, vemos o desfile dos dramas das duas personagens principais: a louca da curra e o noivo da Rosa. Deles vamos nos aproximando conforme o relato dos habitantes do submundo policial, no qual se destacam um comissário cínico, um guarda ingênuo e outro durão, um repórter cujo comportamento evolui do tédio, que expõe uma insensibilidade adquirida, ao interesse, que sugere um verniz de solidariedade pelo drama do noivo despossuído de sua Rosa. Nesse quadro, chama a atenção o modo como Vinicius caracteriza o delegado, que, mesmo sem nunca entrar em cena, se faz presente pela voz ouvida no dictafone. Essa personagem off, cuja consciência e responsabilidade dão alento ao espectador para que este possa vislumbrar uma remota justiça dos homens, destoa de um natural pessimismo que a situação dramática impõe. Esse delegado gente-boa parece um fantasma do tio Henriquinho, que Vinicius aprendeu a admirar desde menino, nos traços boêmios e populares que não diminuíam a sua autoridade, ao contrário, conferiam legitimidade a ela.

Vinicius aceitou o convite como um desafio. No texto que publicou no catálogo que acompanhava a peça falava da "poesia que está em todos os lugares", para nos lembrar que também uma delegacia de polícia pode abrigar conteúdo poético em estado latente, que o poeta terá que saber extrair da matéria bruta. Essa ligeira teorização nos remete a Manuel Bandeira, dileto amigo e admiração permanente de Vinicius. Bandeira havia refletido sobre a "poesia que há em tudo" e a explorara particularmente no "Poema tirado de uma notícia de jornal", cujo excepcional resultado decorre do laconismo, de uma radical objetividade, que tudo reduz à ação direta.

Se Vinicius compartilhava da teoria de Bandeira, seu exercício produziu efeito exatamente oposto. Lutando contra uma excessiva economia, que marcava o tom do recorte de jornal que lhe fora fornecido pelos produtores, Vinicius procura ampliar seu significado sem investir no significante, cujos reais contornos desconhece. No seu ato, o desafio à poesia é representado pelo impalpável; seu eixo gira em torno do mistério, do fato não esclarecido: Rosa se perdeu do braço do noivo ou fugiu do destino? A carga dramática se desloca para uma expectativa do encontro dos dois deserdados — a louca da curra e o noivo da desaparecida —, hipótese que não se concretiza mas que mantém o espectador em guarda, à espera de um — ainda que improvável — mútuo reconhecimento.

O ato termina com a quebra do clima hipnótico, noturno, pela invasão da realidade, que suspende a trégua que estabelecera com a delegacia, e comparece com a sua natural crueza. Os policiais não escondem a euforia e fogem esbaforidos na direção da ocorrência. Conseguem assim libertar o seu mundo masculino, onde impera uma linguagem desabrida, das amarras invisíveis da consciência trazida pela improvável visita da poesia.

Procura-se uma Rosa atesta a evolução de Vinicius como mestre da carpintaria teatral, que tentará consolidar em *Chacina em Barros Filho*, que carrega no próprio título o sugestivo complemento de *As feras*. Nessa peça, desenvolvida em três atos e perfeitamente acabada, Vinicius aprofunda a grata experiência que lhe deu a *Rosa*. Repete o pretexto — uma notícia de jornal — e se prepara para fundir os elementos de suas peças anteriores. De *Orfeu* buscará reproduzir certo tom épico, o determinismo e a concentração da ação num universo à parte

— a favela em lugar do morro —, além de retomar o gênero, agora na forma de uma "tragédia pau-de-arara". De *Procura-se uma Rosa* repisa a linguagem realista e a visão da mulher como vítima preferida dos machos intolerantes.

Na condução para o desfecho de *As feras*, Vinicius utiliza a estrutura testada com eficiência nos filmes de faroeste. A luta final que destrói o clã dos nordestinos é um duelo de honra realizado num *saloon* travestido de tendinha. O tom vagamente irrealista é sugerido pelo uso hipnótico da canção "Qua-quara-qua-quá", cuja letra *nonsense* — "Tinha uma casa muito engraçada/ Não tinha nada..." — faria inveja a um Edward Lear. Curioso é que se Vinicius dela se serve para comentar o absurdo da explosão da mais brutal violência entre familiares, ele a reaproveitará, devidamente remodelada, na sua *Arca de Noé*, que dirigiu às crianças.

O último efeito de *Chacina em Barros Filho* choca pelo elemento patético que invoca. A Morte, nossa velha conhecida desde o morro de Orfeu, onde ostentava o nome de Dama Negra, aqui comparece travestida de velha nordestina. Inconformada diante do massacre inútil, demite-se do papel que sempre pareceu exercer prazerosamente e brada: "São feras!", como a solicitar absolvição pelos crimes que desta vez não cometera.

Essa peça que Vinicius queria ver interpretada por Lima Duarte, cujo prestígio estava em ascensão no início dos anos 60, não foi encenada na época, nem se transformou em filme de Leon Hirszman conforme chegou a ser cogitado. Subiu ao palco apenas em 1974, num balcão abandonado de Salvador, dirigida por Álvaro Guimarães, com produção de Gesse Gessy, na época mulher do autor. Ficou em cartaz uma semana.

Entre 1963 e 1965 Vinicius trabalhou na comédia musical *Pobre Menina Rica*, que ele ambiciosamente imaginava como a "primeira grande comédia brasileira em grande estilo". Sem especificar o que entende por grande estilo, deixa-nos a impressão de que tinha como referência a Broadway, com seus espetáculos repletos de danças e belas canções. Impressão reforçada pela existência de uma tradução para o inglês do texto incompleto do musical, onde é mencionada a participação de Sonia Hitchcock, responsável pela futura *stage direction*, e de Bill Hitchcock, incumbido da orquestração.

Quando já tinha bem encaminhado o primeiro ato de sua comédia, Vinicius é convidado por Aloysio de Oliveira a apresentar algumas das canções, com um resumo do entrecho, na boate Au Bon Gourmet.

O espetáculo, que se chamou *Trailer*, fez grande sucesso, antecipando as melhores expectativas com relação ao musical pleno. Acompanhado de Carlos Lyra e Nara Leão, Vinicius narrava a história do amor de um Mendigo-Poeta por uma menininha classe-média, enfarada da vida sensaborona que leva.

A idéia da comédia havia lhe surgido diante do gravador que reproduzia inspiradas melodias que um novo parceiro, Carlos Lyra, tinha mandado. A profusão das canções, sua ressonância interna que ressaltava o caráter de conjunto, fizeram Vinicius imaginar uma tênue linha de ligação entre as músicas. Assim foi despertando uma comunidade de mendigos que habita um terreno baldio ao lado de um edifício de luxo. Nessa comunidade tem lugar para o avaro Num-Dô, para o chefe malandro caracteristicamente Carioca, para os tipos nacionais — o Pau-de-Arara, a baiana Maria-Moita — e, é claro, para uma versão idealizada do próprio poeta, o Mendigo-Poeta, homem maduro, apesar de jovem, que não pede esmola, vive do que lhe dão em recompensa pela arte que oferece.

Vinicius não concluiu seu musical; sua atribulada vida amorosa e profissional conduziram-no para outros continentes. Na temerária reconstituição incluída neste volume podemos acompanhar o movimento do poeta na direção de uma arte que, aliando graça e leveza, não deixa de perfilar-se ao lado dos despossuídos, cujo universo é visto com carinho. Procura recuperar o seu jargão, a fala empolada dos malandros que querem botar banca, o talento de improvisação e a engenhosidade do brasileiro representado pelo carioca habitante das favelas. Em canções extraordinárias como "Samba do Carioca", "Maria-Moita" e "Pau-de-Arara" vai se costurando a trama sutil que serve de fundo para uma amena fábula social. Em versos como "Na base do sozinho não dá pé/ Nunca vai dar", "Pra pôr pra trabalhar gente que nunca trabalhou" ou "Eu não tinha nada, que fome que eu tinha" estão enunciados os princípios dessa sociedade onde impera a malandragem ética do "mais vale ser mendigo que ladrão".

Em contraponto, Vinicius exibe toda a sua veia lírica nas canções que falam do amor do Mendigo-Poeta e da Pobre Menina Rica. Não importa se o repertório dessa lírica é convencional, pontuado por passarinhos, estrelas, primavera, luar, flor; já sabemos que ele lida bem com as convenções, as literárias pelo menos. Estas não destoam nesse mundo de faz-de-conta inventado pelo poeta onde até a moral — o dinheiro não traz felicidade — é de brincadeira.

Na obra teatral — realizada ou frustra — de Vinicius de Moraes encontramos todas as suas virtudes e virtualidades. Para aplacar sua fome de absoluto, nela se jogou por inteiro, correndo riscos, com o mesmo desassombro com que expunha sua personalidade à vista de todos. Fiel à sua fantasia de poeta feito dramatista, no teatro projetou as idealizações de que se nutria para lutar contra a negação do humano que habitou desde sempre o peito do menino que arrostava o mar grande da ilha do Governador.

CORDÉLIA E O PEREGRINO

INTERLÚDIO ELEGÍACO

Este texto foi escrito paralelamente à realização de minhas "Cinco elegias" (de algumas delas, pelo menos...), às quais deveria pertencer, não se houvesse transformado, à medida, numa forma lírico-teatral. Disso já lá vão muitos anos. Há, pois, que lê-lo dentro do espírito do tempo, e ciente de que o poeta de então era bem mais moço e complicado que o atual.

Agrada-me, nele, a sinceridade e paixão com que foi escrito, e a realidade saudável de certas tiradas, e não posso deixar de ver nisso a semente da mudança operada no poeta que hoje sou, não sei se melhor ou pior, mas, por certo, mais humano e infinitamente mais próximo da terra.

Penitencio-me de sua saída tão fora de tempo. Anima-me, no entanto, a idéia de que a maioria daqueles que o vão ler são pessoas com um julgamento já formado sobre o poeta e sua poesia.

CORDÉLIA E O PEREGRINO

PERSONAGENS
Cordélia e o Peregrino

Um abrigo na montanha, sombrio, rude mesmo. Paredes nuas, teto baixo de vigas escuras, tortuosas. Móveis simples, abandonados. Duas ou três velhas reproduções de quadros nas paredes da direita e da esquerda. Tudo isso, arquitetura e mobiliário, obedecendo à fantasia do poeta feito cenarista, que os poderá compor na medida inconsciente da sua emoção. Porta de entrada e grandes janelas ao fundo, de onde se vê o campo como parte essencial da cena. Terra chã, de poucas árvores e estranhas, figurando não importa que desejo íntimo do poeta de esculpir a sua criação. Na hipótese de uma abertura da cena, o Peregrino achar-se-ia imóvel junto à porta, como perscrutando o silêncio. Fora, um sol-das-almas tornaria rosa a paisagem nua. A pouco e pouco viria a sombra e por um instante deixar-se-ia estar quase como uma presença. Depois, Vésper surgiria lenta, iluminada e sozinha. A calma de todas as coisas deveria existir intensamente por alguns segundos.

Ao falarem, as figuras deveriam buscar os gestos essenciais às palavras. A palavras simples, gestos singelos; a palavras nobres, gestos hieráticos. Em repouso, a imobilidade perfeita, estabilizada na última vibração da tônica anterior. Sempre que pela necessidade de sua expressão as palavras arrancassem música da voz humana, as figuras deveriam dançar. Também esta dança, cujos movimentos e vôo mesmo dos vocábulos proviriam, deveria ficar em sua composição a cargo do poeta feito coreógrafo que a transportaria, eventualmente, para o plano da ação. Assim é que a dança procuraria ansiosamente exprimir o que não ficou dito em poesia, numa tentativa invejosa de a ultrapassar. Nesse jogo de forças o poeta seria tanto diretor como ator, atendendo a todas as necessidades líricas da sua criação, e usando, para atingir seu fim, de qualquer recurso de ordem natural ou sobrenatural, de todas as invenções da mecânica inconsciente, de todos os devaneios, presságios, encantações que pudessem, por um segundo que fosse, arrancá-lo de sua sordidez.

PRIMEIRO MOVIMENTO

O PEREGRINO (*alçando os braços*)
    Ó amiga, estrela
    Nesse momento íntimo de silêncio em mim!
    Ó ave, lírio triste
    Ó tarde neste ângelus da alma, ó serenidade!

CORO DOS LAVRADORES (*invisível*)
    Vênus em flor
    Atende ao amor
    Sobre o doce trigo
    Repousa comigo.

O PEREGRINO
    Por que falar de amor junto do triste?

CORO DAS MULHERES (*invisível*)
    No nosso lazer
    Queremos prazer.

O PEREGRINO
    Ai de mim, eu venho de prazer...

> Dá alguns passos à toa: depois aproxima-se da mesa e acende um lampião. A noite se faz murmurosa, fora.

CORO DAS MULHERES (*bem próximo*)
    Queremos prazer!

O PEREGRINO
    Astro, eu quero o esquecimento inteiro
    Astro, eu quero a solidão!

CORO DAS MULHERES (*veemente*)
    No meu coração
    Não há solidão
    Repouso ou carinho
    São água e são vinho
    No milho que doura
    Renasce a lavoura
    E a terra colhida
    É a melhor da vida.

CORO DOS LAVRADORES (*distante*)
    O sol apagado
    Deixa a sua chama.
    A noite nos chama...

UMA VOZ DE HOMEM
    Dorme, rei do prado!

CORO DAS MULHERES
    A terra colhida
    É o melhor da vida.

O PEREGRINO
    Ah, a nostalgia das desilusões...

        Ouvem-se vozes em murmúrios, entrecortadas por risos de homens e mulheres.

O PEREGRINO
    Não deve a alegria perturbar o desespero humano
    Nem deve o homem aguardar eternamente.
    Meu destino é fugir.

        Novamente a onda alegre de vozes questionando.

UMA VOZ DE MULHER
    ...e ele me abraçou e me beijou!

OUTRA VOZ DE MULHER
    ...se te visse...

        Palavras que se perdem, risadas.

A PRIMEIRA VOZ
    ...não te perdoaria!

A SEGUNDA VOZ
    Que me importa! Deu-me uma rosa e fui com ele...

O PEREGRINO
    Oh, ir antes que venha alguém! Quem me diria
    Não ser novamente doce o contato
    Da mulher.

OUTRA VOZ DE MULHER
    ...olha como é forte...

UMA VOZ DE HOMEM
    Nossa! Quanto riso...

O PEREGRINO (*sentindo o silêncio que pousou de repente*)

    Ah, nem poder chorar ao menos
    Nem sentir sobre a desventura o calor das lágrimas!
    Ter apenas como legado o frio
    E apenas arrancar das coisas o sentimento
    Da impossibilidade de tudo!
    Ouvir nos meus ouvidos
    Vozes que são como frutos cheios de mel
    Sentir vozes no vento
    Perfumes de flores e ter na boca o gosto invisível das resinas!
    Ter a inveja de viver
    Corroendo a alma como uma íntima úlcera!
    Compreender com uma lucidez de pássaro
    O motivo fundo dos gestos e das tragédias
    E nada poder, nada possuir
    Apenas porque há no espírito uma sede impossível de calma
    E na carne uma sede impossível de amor!

            Pausa.

    Ah, partir, partir
    Partir de mim, do que sou, do que serei
    Partir do visível para o imaginário
    Na asa presente da morte...

            Sinos ao longe. O Peregrino escuta. Sobem de novo as vozes, invisíveis.

UMA VOZ DE HOMEM

    Salve rainha da serra
    Andorinha da bonança
    No teu ventre de criança
    Descansa o filho da terra.

UMA VOZ DE MULHER

    Salve bem dos pescadores
    Lausperene do Senhor
    Da mulher do lavrador
    Faz a mãe de lavradores.

O PEREGRINO (*escondendo o rosto nas mãos*)

    Eu te maldigo, mulher
    Eu te maldigo!
    És a máscara do frio e da angústia no fundo da treva

E tens flores como a primavera, frutos como o outono, brotos
[como o estio...
Vens como a renúncia e és a impassibilidade e o exaspero
Monstro!
Eu te detesto!
Teu prazer é pobre, eu o arranco tão bem dos meus dedos como
[de meu espírito
E ele me mata.
Quem és, mulher? onde vives? em que ventre?
Que fúria te lança, perfeita, no caos humano, demônio
És o mal?

SEGUNDO MOVIMENTO

Batem à porta. O Peregrino volta-se num gesto impaciente.

O PEREGRINO

Quem és, o que queres
Por que bates à minha porta que nada tenho?
Se és meu pai volta que não há mais amor em mim.
Se és um mendigo, por que não morres?
Se és um amigo, por que não me desprezas?
Vai! Deixa o miserável em sossego!

A VOZ DE CORDÉLIA

Sou eu... Cordélia.

O PEREGRINO (*com desconhecimento*)

Cordélia?

      Corre a abrir. Cordélia entra e fica parada, humildemente parada, olhando-o.

Cordélia...

      Súbito exclama, como se a reconhecesse.

CORDÉLIA!

CORDÉLIA (*com repentina desconfiança*)

Por que me abriste a porta, que para ninguém abres?

O PEREGRINO (*tomando-lhe a mão*)

Vem, entra, Cordélia
Fala, Cordélia...

CORDÉLIA
    Há muito pensei em ti.
    Vim para que me mates e não para que me socorras.
    Oh, perdi-me do mundo, na montanha onde mora o vento
    E sinto que enlouqueci.
    Eram visões espantosas, e entre elas
    A face monstruosa, geral e desesperada.
    Sê meu amigo!
    Nem te conheço, mas tanto pensei em ti, meu irmão.
    Vi tua casa na minha agonia e tua alma na minha loucura
    E eram abrigos sonhados, abrigos por que chorei nas minhas penas.
    Tem piedade de tua escrava!
    Cordélia veio das perigosas paragens onde o mar é a lua, constante
                                        [espelho
    Da mágoa e do remorso.
    Veio trêmula, agitada, pobre mariposa, cega de luz na treva
    Triste Cordélia!
    Por que teus olhos são tão doces?
    Afasta-te de mim! Eu sou a culpa, a expiação!
    Socorre-me!
    Ah, dá-me tua mão de homem, ser divino
    Deixa-me chorar em teu peito de misericórdia
    Por que foste bom para Cordélia?
    Cordélia veio da água escura, onde as sereias morrem nas dores
                                        [do amor
    Veio se arrastando, pobre, frágil Cordélia; forte Cordélia!
    Vê minhas mãos como sangram e meus seios como estão doloridos
    E tu lhe abriste a porta, louco!

O PEREGRINO (*enlaçando-a*)
    Vem ver.
    O campo repousa morto — e realmente
    Eu o sinto morto. Vem ver como a noite vive
    Sobre a grande vastidão deserta...
              Pausa.
    É estranho... nada se move
    Nada...
    No entanto, se minha mão desce ao teu seio eu o sinto fremir
    E invadir a noite como um punhal dilacerando um véu...
    Cordélia, eu tenho medo de dormir.

O sono iguala a miséria dos homens
E eu tenho muito medo de dormir...
Mas que sei eu do meu sofrimento?
Ouço... neste momento ouço o sopro perdido de todas as vozes
O sussurro de todos os amantes, a prece pálida, estertorante
Dos jovens que acabaram de morrer. Ouço o dormir do mundo
Crianças e mulheres — mulheres
Adúlteras e intactas
Mães e irmãs como tu
Mulheres — ai de mim!

             Pausa.

Cordélia
Eu te amo
E eu sou o irremediável.
É preciso que eu esteja acordado
Para velar sobre a putrefação das criaturas
E isso é qualquer coisa de monstruoso demais.
Vê o campo. Além jaz a cidade
Em luzes. É lá que o adolescente se levanta
E espreita inclinado o corpo nu da irmã que dorme
E o seu sêmen, a terra o receberá.
Lá a carne dos homens palpita de vermes
Oh
Acima de tudo, oh, eu vejo a torre desolada das igrejas
E nas naves noturnas ouço o grande pranto que se derrama...
Senhor, é o teu sofrimento?

CORDÉLIA

Eu não sei o que diga.
Tua linguagem é escura como o sono da carne cansada
Mas se falas eu te compreendo — e não seria
Porque te amasse...
Vê o que olhas, a noite!
Há alguma coisa, uma crispação, uma voz que não morreu
Escuta...

O PEREGRINO

Escuto, escuto dizer
Que há um espírito sofrendo...

CORDÉLIA
    Pudesse eu te dizer: vem, meu amado
    Esquece...

TERCEIRO MOVIMENTO

O PEREGRINO
    Cordélia, fala de esquecimento
    Fala da nuvem, fala da andorinha!
    Diz a palavra sem memória
    Que há de enlouquecer serenamente o meu espírito.
    Ah, que grande temor de morte!
    Que grande temor de morte em minha farfalha
    Como se eu fosse um túmulo na noite!
    Sente! As estrelas vão devagarinho, vão
    Embuçadas, como em prece...
    Neste instante mesmo corações crepitam
    Em últimos estertores de luz! chama imponderável
    De carnes jovens que não sofreram. Dize:
    Rezam as estrelas em sua passagem pela terra
    Mas a que Deus? Deus existe
    Para os que morrem sem amor?

Pausa longa.

    Cordélia
    Que grande alegria, súbito!
    Ouve: abriremos um vinho velho, celebraremos
    Tanta emoção no mundo! Bêbados
    Não nos envergonharemos da nossa nudez
    Seremos um do outro! Amanhã
    É outro dia, o sol voltará, a vida há de nos sorrir
    Como para as crianças que dormem juntas
    A madrugada é bom pretexto. Cordélia
    Minha...

CORDÉLIA (*afastando-se dele recita maquinalmente*)
    Sou pobre, não tenho pátria
    Meu raio de luz, perdi-o
    Donzela, meu devaneio
    Onde está?

Sou cega, brilho sem ver
Meu olhar, não tenho sexo
Minha beleza não arde
Enlouquece.

Tenho frio. Sigo sem norte
Como o vento pela noite
Ninguém me quer, sou a morte
É tarde!

> No campo, distantes, acendem-se fogos de fogueiras. Ouve-se a algazarra surda de festejos que começam e o tirotear de foguetes. Mais tarde sobem as notas de uma viola.

UMA VOZ DE HOMEM (*longínqua*)

Eu entro como o ladrão
No quarto da minha amada
Trago quente o coração
Do frio da caminhada
Mas quando a vejo, visão
Mais vista, mais desejada
Embora eu seja o ladrão
Minha alma é que sai roubada.

Eu saio como o vilão
Do quarto da minha amada
Trago dinheiro na mão
E um beijo para a jornada
Mas logo a deixo, emoção
Mais tida, mais renovada
Desejo mais para o pão
E mais para a caminhada.

Eu peno como o cativo
Se longe da minha amada
Não estou morto nem estou vivo
Tudo sinto e não sou nada
No corpo que levo altivo
Sofre-me a carne calada
Ai de mim, que tão esquivo
Prendi-me na minha amada!

O PEREGRINO (*sorrindo*)

    Voz que não és nem sossego, nem arrependimento...

              A viola ainda ponteia, fracamente. Depois silencia.

O PEREGRINO

    Em breve
    O cantador terá nos braços a mulher para quem canta
    Em seu peito
    Ela se acolherá como o pássaro na árvore, sem pânico
    No entanto, à vista de seu sexo
    Primeiro tremerá de horror e procurará esconder a vergonha
    No escuro em torno...
    Não propicia a treva ao crime?

              De novo ouve-se a viola plangendo.

UMA VOZ DE MULHER

    Sofre pelo que não ama
    E de noite em sua cama
    Dorme sozinho
    Sofre pelo que não chama
    De manhã, em sua cama
    O seu carinho.

    Sofre pelo que procura
    Apenas uma aventura
    Por esta vida
    E tem de cada criatura
    O viço que pouco dura
    Na flor colhida.

    Sofre por quem não espera
    E vê em cada primavera
    O doce instante
    E que não planta um pé de hera
    Com que chegar à primavera
    Desabrochante.

CORDÉLIA (*dramática*)

    É triste o sexo
    Das mulheres infecundas.

O PEREGRINO
    Cordélia, também é triste
    Criar e ser ferido de morte, ou criá-lo
    Feridos de morte nós mesmos, e um dia
    Terrível entre todos, dar-lhe adeus, sem lágrimas
    Porque é preciso não chorar!

QUARTO MOVIMENTO

CORDÉLIA (*impassível, monocórdia*)
    Ai de mim
    Ai de mim, mil vezes ai de mim
    Sou seca, sofro tanto, sou seca
    Não dou mel como as abelhas, ai de mim
    Não dou resina como as árvores, ai de mim
    Sou seca, sem umidade; no vórtice do meu sexo
    Não se afogam os homens; em vão darei minha última virgindade
    Ao que primeiro acenar, de mim se erguerá alvar
    Um rosto sem virilidade; sou seca
    Como os açudes das terras deslembradas; não tenho brotos
    Sou seca, limpa como o cristal; minhas axilas
    Não dão cheiro; minhas coxas
    Não suam; sou seca como a estrela vespertina
    Meu corpo nu é um fruto perfeito porém verde
    Nenhuma semente romperá minha pele hermética
    Sou seca, imasturbável, recendo a flores
    Não me possuem os homens; sobre as minhas
    Não sinto as suas pernas fibrosas nem o deslocamento de seus ossos
    Cordélia é seca, ai dela! Em vão.
    É seca, imarcescível: o último que a possuiu
    Enlouqueceu: foi um santo.

O PEREGRINO (*tomando-lhe as mãos*)
    Cordélia, quando ainda há pouco
    Aqui neste abrigo, oculto de todos
    Eu me deixei cair no abismo interior
    Desci a regiões onde nunca suspeitarias
    Nem águas tão pútridas, nem flores tão belas.
    Nada permanece que nasce da poesia; a alma do poeta

É como o espelho de uma lágrima, onde se miram dois mundos
O efêmero que vivemos, e o íntimo que morre conosco
E ambos passam! Não são as palavras
Que morrem; é o poeta que morre
Levando consigo o que as palavras apenas revelam
De tão grande!
É flor perfeita a poesia, mas não duradoura.
Cordélia; que monstro sou de sordidez
Que tudo de puro em mim nasce do pântano
Tal certas flores; e há um silêncio em mim, um silêncio
Que só de ouvi-lo lanço-me como uma centelha alucinada contra
[o espaço
Em busca de um gemido, um sopro, um vibrar de asas
Que me torne à razão, porque sou um grande desequilíbrio em mim
[mesmo
E um grande mal-entendido no mundo; teu pobre sofrimento
De mulher é átomo perdido no caos de que sou o vazio
Há gritos terríveis em mim, orgulhos
De rei, minha vaidade é o talvegue; tenho
A grande justificativa humana do meu desassossego
Tudo me é permitido!

De novo repontam sons de cordas nos longes dos campos.

UMA VOZ DE HOMEM

Eu queria a minha amiga
Para se juntar comigo
O amigo amigo da amiga   } CORO, *bis*
E a amiga só para o amigo.

Para ser minha na cama
E para brincar comigo
O amigo só para a amiga   } CORO, *bis*
E a amiga do seu amigo.

Para gozar na ventura
E padecer no perigo
O amigo da sua amiga   } CORO, *bis*
E a amiga perto do amigo.

    Para dizer-me no ouvido
    O que vos dizer não digo
    O amigo perto da amiga
    E a amiga amiga do amigo.   CORO, *bis*

CORDÉLIA (*cantarola distraidamente*)
    O amigo perto da amiga
    E a amiga perto do amigo.

        Chega-se subitamente ao companheiro e beija-o.

O PEREGRINO
    Amor...

CORDÉLIA
    Mais! Mais! Mais!
    Até que sinta o gosto de tua miséria!

O PEREGRINO (*olhando-a nos olhos*)
    Amiga, vem comigo
    Eu sou o escravo.

CORDÉLIA (*com zelo*)
    Eu te faria mal, e tu nunca me possuirias
    Porque a minha esterilidade é fruto venenoso
    Para os homens de muita sede.

O PEREGRINO
    Vem, eu sou puro...

CORDÉLIA (*afastando-se ligeiramente*)
    E onde plantarias a tua pureza?

        O Peregrino ergue o braço e toca-lhe o peito com o dedo estendido. Cordélia estremece, como em transe. Ao ouvir a música que recomeça ao longe, põe-se a dançar tontamente, como para se livrar do encanto que a toma.

CORDÉLIA (*dançando*)
    Cordélia dança bem
    Cordélia canta...

        Recita mecanicamente, acompanhando a melodia.

    Crê apenas no amor
    E em mais nada
    Cala, escuta o silêncio
    Que nos fala

    Mais intimamente; ouve
    Sossegada
    O amor que despetala
    O silêncio...
    Deixa as palavras à poesia.

O PEREGRINO (*embevecido*)

    Amada, amada, amada...

CORDÉLIA (*risonha*)

    Sei dançar
    E cantarei para distrair as tuas mágoas
    Sou ágil, aprenderei o ofício que mais te agradar.
    E ganharei para o teu sustento todo o ouro deste mundo
    Venderei meu corpo, e tê-lo-ás no entanto intacto
    Nada farás senão chamar: Cordélia!
    Cordélia virá sempre risonha, e se quiseres, seios nus
    Para trazer-te com que faças um poema imortal à terra fecunda
    Cordélia te banhará os pés e os enxugará com os teus cabelos
    Quentes de amor; e quando
    Dela te fartares, Cordélia...

O PEREGRINO

    Anjo! Anjo!
    Cala-te antes que meu coração se zangue
    De o maltratares assim...

CORDÉLIA

    Serei tua escrava
    Teus são meus pés, meus pêlos, meu pescoço.

O PEREGRINO (*olhando-a triste*)

    Não sentes a necessidade de amar em mim?
    De te amar? A humildade
    Dos meus olhos que não se cansam de tua graça?
    Que me importam filhos se eles não forem filhos teus
    E de que me serve tua servidão, se só a minha é que é perfeita?
    Não vês
    Que o menor toque dos teus dedos me pode adormecer
    A mim que não durmo? Teu amor é sono
    E desvanecimento... Não é te possuir que é grande
    É ser possuído por ti...

CORDÉLIA

    Tão dito, tão ouvido
    Tão lindo...

O PEREGRINO (*inquieto*)

    Por que não me respondes?

CORDÉLIA

    Não me pertenço mais...

O PEREGRINO

    Mulher, não pertences a ninguém...

CORDÉLIA

    Esqueçamos, meu querido
    Tudo do passado esqueçamos, esqueçamos...
    O que é o passado, para quem dele sofre
    Se não um descontentamento do presente? Assim
    Esses que se põem a pensar e sentem saudades ou ciúmes
    Não é isso ferir a pureza do que se vive?

QUINTO MOVIMENTO

O PEREGRINO

    Não sente saudades quem se ama
    Além do amor; quem ama sofre saudades
    De não se amar; grande sentimento é a saudade
    Das horas, Cordélia, quando a vista de um caminho
    Perdido nos faz lembrar que nunca o trilhamos
    Em nossa imaginação; doce sentimento é a saudade
    Dos crepúsculos, quando uma nuvem
    Em forma de pássaro planta em nosso ser
    Asas com que chegar a ela; mas terrível
    Sentimento é a saudade quando se transforma em vazio
    Exangue, quando é angústia
    Matinal, quando é total desalento e flagelação.

CORDÉLIA

    Eu sei, amigo; o ermo...

O PEREGRINO

    Não, a presença! A água salobra do tédio
    Encharcando a carne; o desejo infinito

De contemplar o próprio rosto no vácuo dos espelhos inimigos
Ou a sensação de estar num lugar diferente do mundo
Batido de sossego como um campo depois da batalha.
Ou a vontade de castigar o corpo na sordidez dos prostíbulos
Entre mulheres tristes; ou a gana de beber até transformar-se em
[lama
Ou de matar... a gana de matar
Em alguém a culpa do nosso tremendo desencontro.

        De repente apavora-se e agarra-se, trêmulo, a Cordélia.

CORDÉLIA (*afagando-lhe os cabelos*)
Pobre, infeliz meu filho...

O PEREGRINO (*ajoelhado a seus pés*)
Cordélia, leva-me contigo!
Arranca-me desse espaço branco onde se debatem
Todas as minhas ânsias! Afugenta
Esse céu onde bóiam túmulos e onde
Estrangula-me a mão impiedosa do invisível. Ah
Não mais me valem as lágrimas e as grandes
Carnificinas de mim mesmo; desfibraram-se meus braços
Para que possa jamais clamar; enfraqueceram-se
Minhas pernas para que possa jamais
Manter-me imóvel; vou trôpego
Sem parar; sou uma queda em suspensão
Tudo me arrasta
À terra que me apavora. Que será de mim
Na imobilidade? Que Deus terrível
Virá, de noite, lançar na boca do meu túmulo
O facho de uma estrela com que ver-me apodrecer
E como abrirei os olhos
Se os terei selados pela morte; e como lhe falarei
Se terei rígida a boca e os dentes cerrados?
Cordélia, o horror de não permanecer
É pior do que a morte; não ver mais
Nem uma madrugada, nem uma árvore
Que pela sua sombra se fez amiga...

CORDÉLIA (*ríspida*)
Quem és, homem
Que me queres e não queres a morte?

Eu sou a morte! Mulher, eu sou
A morte! Tudo em mim passa, fonte de vida
Que sou; meus desejos, meus beijos
Morrem, não têm lembrança; morrem meus
Gestos de flor, morre a dança em mim; minhas canções
Perpetuam-se em outras vozes que não a minha
Com outras palavras que não as minhas!
Quem és, homem
Que queres ficar? Que monstro possuis em ti
De desespero? Não ouves
Crepitar em mim a chama que se extingue
Para o teu alento? Não sentes
A cada gesto meu o esvoaçar de uma nota de música
Que se perde para integrar tua harmonia?
Quem és, homem
Que só vives da irrealidade de teus sonhos?
Deixa-te morrer, como as plantas
Sofrem elas? Sofre o pássaro que encontra a morte
Em meio ao vôo? Satisfaz-te
De morrer, morte única há em mim
Que dou túmulo a todo o desejo dos homens!

SEXTO MOVIMENTO

O PEREGRINO

Vejo-te como nunca vi ninguém, transparente
Como uma aurora nascitura; e à tua volta
Sombras que se desfazem. Vejo teu coração pulsar
Como um pássaro no ovo, e em tuas veias
Correrem linfas róseas como nascentes matutinas.
Vejo-te, amiga, amanhecente
E no berço de teu ventre, envolto
Nas teias orvalhadas da tua placenta, vejo-me
A mim, anterior ao útero materno.
És tu minha mãe, e eu teu filho
Ingênito? Sou eu criado
De ti infecunda? És tu a poesia
Por que chorei? a calma por que chorei?
És o túmulo onde vivo, e de que sou apenas

Uma haste na terra, inclinada
Sobre a vertente? — e tudo o que passa
Não existe, pois, senão como paisagem
De mim mesmo imutável?

CORDÉLIA

Pobre de mim, minha inteligência
Bebe da tua as palavras, mas não se deslumbra.
Sou uma mulher simples; meu seio é materno
Para a frente dos homens; meu sexo
É bom e justo para o prazer; mas eu nada
Crio além da morte; muito sofro
Da minha inexistência; mas não quisera
Existir, tampouco. Quisera poder parir filhos
Como as águas e vê-los a meu lado
Brincando e se aquecendo em mim. Mas sou seca
Secou-me um homem.

O PEREGRINO

Falas como alguém
Que eu vi, talvez em sonhos, não me lembro
Quando... uma vez... perdida nos
Campos da infância, longe...
Dize-me: criaturas, nada temos de vivo?

CORDÉLIA

Sim, o instante
Talvez, em que nascemos
E em que choramos e que limita
Dois túmulos, o ventre materno e o ventre da terra.
Talvez este somente
Quando, expelidos, recebemos
A centelha que nos dá diferentes destinos.
Tudo nos cria; é uma força
Monstruosa, a vida! A água, o fogo
A terra, o ar, o sal, que se combinam para
Nos fazer brotar; e que apenas
Broto, esvaem-se de nós através
Enquanto crescemos numa ansiedade de ser
Folha, flor, fruto, árvore eterna
Sem velhice... Ah
Morremos! Morremos quando

Abertos em dois, saltam de nós outros destinos
Não como sementes de frutos
Semelhantes — mas como organismos diferentes, vozes
Que irão negar ou repetir nossas palavras, uma a uma
Em seu próprio benefício; e que um dia
Se esquecerão de nós — é este
O instante da vida — que nos
Cria e mata de um só golpe.
Tudo mais é agonia.

               Pausa.

Amar é morrer
Além da morte, é unir
Duas mortes numa só vida; criar
É morrer em si mesmo
Emparedado em si mesmo, morrer
Longamente, a alma a debater-se
No corpo, como num grande mausoléu!

O PEREGRINO

   Homens, morremos!
   Ah, que nada é o herói
   Senão a imagem morta de quem vive — homens
   Somos heróis desde o berço.

CORDÉLIA

   Só a mulher não morre
   Que é a morte; só ela
   Vive sem morrer, executando
   A cada instante a dança lânguida
   De quem se ignora. Só ela. O resto é cinzas.

O PEREGRINO

   O que não te diria eu
   Se o amor não nos algemasse nas mesmas cadeias
   Invisíveis! O que é a mulher
   Senão a sua ausência em nós? Já imaginaste
   A máquina, mulher, fora de ti
   Trabalhando no espaço a ração diária de tragédias
   De que se alimentam os homens? Já imaginaste todas as mulheres,
                                       [e mais tu?
   Já pensaste que a mulher não existe, porque

Nada é ela senão a nossa irrealidade
Quando a temos? Ou não compreendes
Que o ser que és não te pertence
Nem a mim, nem a ninguém; mas a ti
E a todos, num desejo
Impossível de unidade?

CORDÉLIA

Como sofres, homem
Não tens medo de teu sofrimento?

O PEREGRINO

Não sofro mais. O sofrimento
Não sou eu, és tu, que existes
Pequenina, com tua vastidão.

CORDÉLIA

Diz-me: tu me amas com amor?

O PEREGRINO

Amor? Não sei... Tu és talvez amor.
És um lugar. És como uma casa
Na montanha, a se repetir
Através de etapas de solidão.
Não sou eu que te quero, és tu que existes
Em meu caminho, como uma presença
Fatal. A fatalidade é tua, não é minha
Eu ando; ando após a tempestade
Que deixas onde passas; és o ar
Que eu respiro; sabendo-te
Descanso; sofro às vezes, mas um segundo teu
Renega tudo. O crime
É a presença de prazer no teu corpo
De mulher; tu chegas e eu
Sei que, oculto no teu ventre
Palpita-te o sexo, quente como um fruto
A que minha força de homem dá direito. Por isso
Minto, violo, roubo, bebo, mato. Tu vês
É impossível! Onde tu vais
Vai-te o sexo. Posso senti-lo
Em cada movimento teu. Que demônio
És tu, mulher, para conseguires viver
Assim violentada por ti mesma?

CORDÉLIA

    E o amor?

O PEREGRINO (*irônico*)

    Ah, o amor... o inatingível
    O invisível, o ausente, o onisciente
    Amor, a sugar como um vácuo
    Imenso na criação, a vida de tudo o que existe...

CORDÉLIA

    Nada existe fora dele.

O PEREGRINO

    Talvez, apenas
    A oportunidade única de renascer em Deus
    No meio do caminho... Mas Deus
    É o nosso caminho, a se estender
    Através de solidões; Deus é
    A nossa piedade de nós mesmos e
    A nossa amargura de não sermos perfeitos
    Como a árvore sozinha que um pássaro
    Louco plantou num deserto sem memória!

SÉTIMO MOVIMENTO

Ouvem-se ruídos de últimas vozes. Apagam-se as luzes ao longe. Apenas brilham as estrelas.

UMA VOZ DE MULHER

    Na minha cama de paina
    Dorme o meu homem cansado.

OUTRA VOZ DE MULHER

    Que faina cansou teu homem?

CORO DE VOZES DE MULHERES

    Fainas de homem casado!

A PRIMEIRA VOZ

    Quanto mais trabalha o homem
    Mais longe lhe chega a fama.

CORO DE VOZES DE MULHERES

    Labuta o dia no campo
    Labuta a noite na cama!

UMA VOZ DE MULHER (*fingidamente melancólica*)
   Meu homem se adormeceu
   Sem me prestar atenção...

OUTRA VOZ DE MULHER
   Ah, que grande moleirão!

A PRIMEIRA VOZ (*suplicante*)
   Menina, empresta-me o teu?

                Novas risadas.

OUTRA VOZ DE MULHER
   Bom jardineiro é o meu homem
   Que não sai do seu jardim
   Rega-me bem regadinha
   E fica plantado em mim.

       Gargalhadas perdidas de homens e mulheres. Às vezes silêncio, às vezes gritos agudos. Uma grande tensão no ar. Tal ambiente deve permanecer por algum tempo, a dar a impressão de luxúrias na distância.

CORDÉLIA
   Calam-se, esmagam-se
   Como árvores...

O PEREGRINO (*à escuta*)
   Poder-se-ia ouvir
   O bater de seus corações... ouve
   O sopro da noite, feito de suspiros...
   Sente como recendem os eucaliptos... Escuta, Cordélia
   Arrulham as águas... aspira
   O hálito das flores e dos corpos
   Cordélia...

CORDÉLIA (*chegando-se a ele, os braços abertos*)
   Vem, homem, toma-me!

O PEREGRINO (*abraçando-a*)
   Ter-te é perder-te! Ter-te
   É partir de novo; ter-te é recomeçar
   As longas caminhadas, à procura
   De ti mesma; ter-te é desamar-te
   É fugir-te, é despojar-me da minha solidão...
   Ó minha amada, não! o sossego em seguida

Mata-me; que faria de ti, tida
Depois? Que brancas ondas
Não levariam do meu pensamento
O teu corpo dormindo? Essas paredes
Que prisão não seriam? E a multidão
De gestos partindo de mim, a se debaterem
Contra a porta aberta? E o perfume da pedra
O tato do vento, a inescrutável
Mirada dos desertos, a fome e a sede dos caminhos
Jamais trilhados? Ó minha amada, não!
Meu destino é partir. Sou apenas um homem
E sua voz.

CORDÉLIA (*intimamente abraçada a ele*)

O meu amor
Em meu corpo te oferta a natureza
Encontrarás a pedra nos meus seios
E o deslizar dos rios no meu dorso.
Em meus olhos
Terás a noite fria dos desertos
E o perfume em meu sexo
Restitui-te o mar. Vem, Peregrino
Levanta-te e caminha. Minhas estradas
Não chegam. Afogado em meu peito
Verás montanhas. Afogado em meu ventre
Verás pântanos. Nos rumores
Em mim estudarás os grandes cataclismos
E a formação da Terra. Eu sou matéria
Imortal.

O PEREGRINO (*desenlaçando-se docemente*)

Adeus, amiga
Há que partir, há que fugir de ti.
Tu és a terra, e o que me chama é o espaço
Incriado. Ao longo do caminho
Párias me esperam, para a esmola
Que lhes não darei. Suas faces esquálidas
São o espelho de mim mesmo. A minha solidão

É inenarrável. Presa a mim
Não serás nem beleza nem lembrança

Mas finalmente tédio. Como recordar-te
Presente? Como sentir
A ânsia de voltar, permanentemente? Como
Não odiar-te sem partir?
Partirei, partirei! Serei caminho
E desconforto. Hão de passar por mim
As pétreas catedrais reverberando
O poente; há de passar a árvore
Matutina, a estirar no horizonte
Seus braços sonolentos
Há de passar o mar e suas flores
E hão de passar mulheres
A quem farei felizes e infelizes
Igualmente, e que serão história
Na luta do homem
Contra a morte.

CORDÉLIA

Toma-me, vem.
Se provares de mim, esquecerás
O mistério. Não há mistério
Em nada. É tudo a unidade
Da vida. Meu corpo te repousa
Como a morte que temes. Serei mãe tua
Irmã tua, filha tua. Dou-te
A razão de lutares — e sentimento da revolta e a consciência da
[luta.
Dou-te mais; dou-te
A manhã, o labor, o tédio, o sono
E o despertar! E o próprio mistério
Inexistente existe em mim
Se quiseres, com que justificar-te
A permanência.

> À medida que ouve, o Peregrino aproxima-se dela, e os dois corpos se encontram a meio caminho, as faces unidas, os braços em cruz. Aos poucos se vai fazendo escuro, enquanto uma melodia, a princípio serena, começa a crescer até um infinito de sons desarmônicos a se debaterem na treva geral.

OITAVO MOVIMENTO

Depois, subitamente, voltam o silêncio e a luz. Cordélia encontra-se sozinha, encostada ao umbral. Traz um grande manto a envolvê-la. É o crepúsculo, como no início da ação. A estrela da tarde desperta lentamente até o esplendor total.

CORDÉLIA

    Bendito!
    Bendito, mil vezes bendito!
    Bendito o miserável, o proscrito
    Bendito o maldito, o mil vezes maldito, bendito, bendito!
    Louvado seja o réprobo, o assassino, o ladrão
    O sem-perdão, louvado! Para sempre seja louvado!
    Hosana, homem! Hosana, para sempre hosana! Tu
    E tua semente. O meu desprezo por ti
    É infinito, bendito, bendito!
    Covarde
    Covarde que só tens inquietação
    A irrealidade, mas que deixas em mim
    A criação! Hosana, criador
    Da criatura, tu cuja ambição
    Faz e destrói, tu inventor da angústia
    Herói, mártir, escravo, pária, santo
    Homem!
    Foge! Foge de mim, que te fatigo; foge
    Para as tuas guerras, as tuas conquistas, as tuas traições
    Possesso! Espedaça-te
    Ser de solidão! Chora
    O rosto voltado para a noite; teus soluços
    Ressoam nas minhas entranhas! Mata, extermina
    E extermina-te; rouba e prodigaliza
    Ser monstruoso! E volta
    Rastejante, com o sorriso da mentira
    Estampado, ou com o divino olhar que me estremece
    Até a carne de meus ossos!
    Homem!
    Foge de mim, que abandonaste em mim
    O que te faz viver; deserta-me, maldito
    Bendito, bendito, mil vezes bendito
    Hosana, filho meu! Segue
    Onde te chama a tua miséria. Aqui me deixo
    Quieta, nesta tarde que não passará nunca

À espera de que passe — e com ela
A tua infância, e mocidade, e madureza
E velhice — e dentro de tudo
A tua voz sempre a justificar
Todos os teus atos, crimes e paixões
E outros milagres. Vai, ser de violência
E humilhação, vai, meu inseparável inimigo!
Vai que eu te aguardo, vai! Levas contigo
A minha maldição e o meu perdão.

                      CORTINA

ORFEU DA CONCEIÇÃO

RADAR DA BATUCADA*

Sempre que me perguntam como criei o *Orfeu da Conceição*, digo que fui antes o radar de uma idéia, que o seu criador. Se eu não estivesse, num determinado instante, no lugar onde estava, nunca o Orfeu negro teria existido.

Foi em 1942, num jantar com meu amigo e escritor americano Waldo Frank, que surgiu o que se poderia chamar o embrião de onde nasceria, alguns meses mais tarde, a idéia de *Orfeu da Conceição*. Acompanhava eu, então, o autor de *America Hispana* em todas as incursões por favelas, macumbas, clubes e festejos negros no Rio, e me sentia particularmente impregnado do espírito da raça.

Conversa vai, criou-se subitamente em nós, através de um processo por associação caótica, o sentimento de que todas aquelas celebrações e festividades a que vínhamos assistindo tinham alguma coisa a ver com a Grécia; como se o negro, o negro carioca no caso, fosse um grego em ganga — um grego ainda despojado de cultura e do culto apolíneo à beleza, mas não menos marcado pelo sentimento dionisíaco da vida.

Posteriormente, na viagem que fiz com o mesmo escritor ao Norte do Brasil, o espetáculo dos candomblés, capoeiras e festejos negros da Bahia só fez fortificar essa impressão.

Assim é que, uma noite desse mesmo ano, estando eu em casa de meu cunhado, o grande arquiteto Carlos Leão, casa construída na vertente de um morro em Niterói, a cavaleiro do saco de São Francisco, pus-me a ler, por desfastio, num velho tratado francês de mitologia grega, a lenda de Orfeu — o maravilhoso músico e poeta da Trácia. Curio-

(*) Montagem de dois textos do autor, um publicado no programa da primeira encenação de *Orfeu da Conceição* no Teatro Municipal do Rio, o outro inédito, escrito provavelmente para o Festival de Cannes, em forma de testemunho. O título foi atribuído pelo organizador. (N. O.)

samente, nesse mesmo instante, em qualquer lugar do morro, moradores negros começaram uma infernal batucada, e o ritmo áspero de seus instrumentos — a cuíca, os tamborins, o surdo — chegava-me nostalgicamente, de envolta com ecos mais longínquos ainda do pranto de Orfeu chorando a sua bem-amada morta. De súbito, as duas idéias ligaram-se no meu pensamento, e a vida do morro, com seus heróis negros tocando violão, e suas paixões, e suas escolas de samba que descem à grande cidade durante o Carnaval, e suas tragédias passionais, me pareceu tão semelhante à vida do divino músico negro, e à eterna lenda da sua paixão e morte, que comecei a sonhar um Orfeu negro.

A idéia pareceu-me tão curiosa que, naquela mesma noite, escrevi, de um só fôlego, todo o primeiro ato de minha peça, transpondo diretamente o mito grego para o morro carioca. Tudo o que fiz foi colocar nas mãos de um herói de favela, em lugar da lira helênica, o violão brasileiro, e submetê-lo ao sublime e trágico destino de seu homônimo grego — destino que o levou, através da integração total pela música, ao conhecimento do amor no seu mais alto e belo sentido e, pelo amor, às forças incontroláveis da paixão, à destruição eventual da harmonia em si mesmo e no mundo em torno e, finalmente, à sua própria morte.

Lembro-me que, quando acabei, a madrugada — uma radiosa madrugada de verão — raiava sobre a baía de Guanabara, cujo panorama eu podia descortinar numa grande extensão. Mas a peça parou aí. Não querendo dar-lhe um tratamento igual ao do mito grego, em que Orfeu desce aos infernos em busca de sua amada morta, procurei em vão um *Ersatz*. Um belo dia, cinco anos depois [1948], sendo eu cônsul do Brasil em Los Angeles, veio-me de repente o segundo ato. O inferno do Orfeu negro seria o Carnaval carioca. Orfeu buscaria Eurídice em meio ao ritmo desencadeado das escolas de samba, dos passistas, dos mascarados em travesti, dos negros libertando-se de sua pobreza no luxo das fantasias compradas à custa de economias de um ano.

É curioso notar, entretanto, que a ação dramática pontilhada de acontecimentos dos quais o horror participa ativamente, não torna, em absoluto, a legenda do Orfeu grego ou do Orfeu negro uma história negativa do ponto de vista de sua aceitação humana e artística. Trata-se, muito pelo contrário, de uma história perfeitamente positiva, pois que representa a luta de um homem — no caso um ser quase divino, pela excelência de sua qualidade pessoal e artística — para realizar, pela música, uma integração total na vida do seu semelhante, posteriormente na vida da mulher amada e, desaparecida esta, em sua própria morte.

A peça foi originalmente dividida em três atos, compreendendo o primeiro a formulação das personagens centrais, a sua situação no tempo e no espaço, o desenho de suas relações e, finalmente, a colocação dos fundamentos da tragédia, sob o ângulo do destino, tal como deverá ela se processar.

São suas personagens Orfeu da Conceição, o músico que dá nome à história; Eurídice, sua amada; Clio, a mãe de Orfeu; Apolo, seu pai; Aristeu, um criador de abelhas apaixonado por Eurídice; Mira de tal, uma mulher do morro, amante desprezada de Orfeu e quem mais representa na peça a trama do destino; a Dama Negra, que é a encarnação da Morte; Plutão, o Rei dos Infernos — no nosso caso o presidente do clube carnavalesco que configura o inferno de desespero do Orfeu negro; Prosérpina, sua rainha; o Cérbero, o grande cão de guarda do inferno, que Orfeu vence com o poder de sua música; e, além disso, um coro, com o seu Corifeu, um considerável corpo de baile e toda a comparsaria necessária num total de quarenta e cinco pessoas. A ação situa-se no tempo presente, num morro que poderia ser não importa qual da cidade, e todas as personagens da tragédia são gente de cor — e isto por uma razão muito simples: procurei dar à trama a mais completa unidade do ponto de vista da dramaturgia. A intromissão de personagens brancas criaria certamente na entrosagem psicológica das figuras elementos alheios à tragédia tal como ela se desenrola — o que não quer dizer que ela não possa ser representada, eventualmente, por atores brancos. Mas me parece que seria atentar contra o seu espírito por assim dizer helênico nela colocar atores racialmente mesclados. O negro possui uma cultura própria e um temperamento sui generis, e embora integrado no complexo racial brasileiro sempre manifestou a necessidade de seguir a trilha de sua própria cultura, prestando assim uma contribuição verdadeiramente pessoal à cultura brasileira em geral: aquela liberta dos preconceitos de cor, credo ou classe.

Esta peça é, pois, uma homenagem do seu autor e empresário, e de cada um dos elementos que a montaram, ao negro brasileiro, pelo muito que já deu ao Brasil mesmo dentro das condições mais precárias de existência.

ORFEU DA CONCEIÇÃO
Tragédia carioca

*A
Susana de Moraes,
minha filha*

Now strike the golden lyre again:
A louder yet, and yet a louder strain.
Break his bands of sleep asunder,
And rouse him, like a rattling peal of thunder.

> *Hark, hark! the horrid sound*
> *Has raised up his head;*
> *As awaked from the dead,*
> *And amazed, he stares around.*

> John Dryden, "Ode in honour
> of St. Cecilia's Day"

[...] *sin pan, sin música, cayendo*
en la soledad desquiciada
donde Orfeo le deja apenas
una guitarra para su alma
una guitarra que se cubre
de cintas y desgarraduras
y canta encima de los pueblos
como el ave de la pobreza.

> Pablo Neruda, "La crema"

O MITO DE ORFEU*

"Orfeu teve desgraçado fim. Depois da expedição à Cólquida, fixou-se na Trácia e ali uniu-se à bela ninfa Eurídice. Um dia, como fugisse Eurídice à perseguição amorosa do pastor Aristeu, não viu uma serpente oculta na espessura da relva, e por ela foi picada. Eurídice morreu em conseqüência, e desde então Orfeu procurou em vão consolar sua pena enchendo as montanhas da Trácia com os sons da lira que lhe dera Apolo. Mas nada podia mitigar-lhe a dor e a lembrança de Eurídice perseguia-o em todas as horas.

Não podendo viver sem ela, resolveu ir buscá-la nas sombrias paragens onde habitam os corações que não se enterneceram com os rogos humanos. Aos acentos melódicos de sua lira, os espectros dos que vivem sem luz acorreram para ouvi-lo, e o escutavam silenciosos como pássaros dentro da noite. As serpentes que formam a cabeleira das intratáveis Erínias deixaram de silvar e o Cérbero aquietou o abismo de suas três bocas. Abordando finalmente o inexorável Rei das Sombras, Orfeu dele obteve o favor de retornar com Eurídice ao Sol. Porém, seu rogo só foi atendido com a condição de que não olhasse para trás a ver se sua amada o seguia. Mas no justo instante em que iam ambos respirar o claro dia, a inquietude do amor perturbou o infeliz amante. Impaciente de ver Eurídice, Orfeu voltou-se, e com um só olhar que lhe dirigiu perdeu-a para sempre.

As Bacantes, ofendidas com a fidelidade de Orfeu à amada desaparecida, a quem ele busca perdido em soluços de saudades, e vendo-se desdenhadas, atiram-se contra ele numa noite santa e esquartejam o seu corpo. Mas as Musas, a quem o músico tão fielmente servira, recolheram seus despojos e os sepultaram ao pé do Olimpo. Sua cabeça e sua lira, que haviam sido atiradas ao rio, a correnteza jogou-as na praia da ilha de Lesbos, de onde foram piedosamente recolhidas e guardadas."

(*) Excerto de *La leyenda dorada de los dioses y de los héroes*, da autoria do helenista Mario Meunier.

NOTA: Todas as personagens da tragédia devem ser normalmente representadas por atores da raça negra, não importando isto em que não possa ser, eventualmente, encenada com atores brancos.

Tratando-se de uma peça onde a gíria popular representa um papel muito importante, e como a linguagem do povo é extremamente mutável, em caso de representação deve ela ser adaptada às suas novas condições.

As letras dos sambas constantes da peça, com música de Antônio Carlos Jobim, são necessariamente as que devem ser usadas em cena, procurando-se sempre atualizar a ação o mais possível.

ORFEU DA CONCEIÇÃO
Tragédia carioca em três atos

PERSONAGENS

Orfeu da Conceição, o músico
Eurídice, sua amada
Clio, a mãe de Orfeu
Apolo, o pai de Orfeu
Aristeu, criador de abelhas
Mira de tal, mulher do morro
A Dama Negra
Plutão, presidente dos Maiorais do Inferno
Prosérpina, sua rainha
O Cérbero
Gente do morro
Os Maiorais do Inferno
Coro e Corifeu

AÇÃO
Um morro carioca

TEMPO
O presente

PRIMEIRO ATO

CENA

O morro, a cavaleiro da cidade, cujas luzes brilham ao longe. Platô de terra com casario ao fundo, junto ao barranco, defendido, à esquerda, por pequena amurada de pedra, em semicírculo, da qual desce um lance de degraus. Noite de lua, estática, perfeita. No barraco de Orfeu, ao centro, bruxuleiam lamparinas. Ao levantar o pano, a cena é deserta. Depois de prolongado silêncio, começa-se a ouvir, distante, o som de um violão plangendo uma valsa* que pouco a pouco se aproxima, num tocar divino, simples e direto como uma fala de amor. Surge o Corifeu.

(*) Nesta peça deverá ser tocada, obrigatoriamente, a valsa "Eurídice", de minha autoria.

CORIFEU

    São demais os perigos desta vida
    Para quem tem paixão, principalmente
    Quando uma lua surge de repente
    E se deixa no céu, como esquecida.
    E se ao luar que atua desvairado
    Vem se unir uma música qualquer
    Aí então é preciso ter cuidado
    Porque deve andar perto uma mulher.
    Deve andar perto uma mulher que é feita
    De música, luar e sentimento
    E que a vida não quer, de tão perfeita.
    Uma mulher que é como a própria Lua:
    Tão linda que só espalha sofrimento
    Tão cheia de pudor que vive nua.*

CLIO (*de dentro, a voz estremunhada*)

    É o violão de Orfeu... Escuta, Apolo.

APOLO (*também de dentro, bocejando*)

    Deixa-te estar, mulher...

CLIO

    Acorda, homem! é o sangue do teu sangue
    Que está tocando!

APOLO

                Então não sei? É boa!
    Ninguém como mulher para ter língua
    Para dizer as coisas... qual! Quem foi
    Que pegou no menino e ensinou ele?
    Quem teve a idéia? Quem pagou o dinheiro
    Pelo melhor violão? um instrumento
    T'esconjuro! que, às vezes, eu te juro
    Clio, tocava com o roçar do vento...

CLIO

    É mesmo. Foi você que ensinou ele...
    Ele aprendeu, o meu Orfeu. Agora
    Ninguém toca com ele, nem o mestre

(*) Vinte anos depois, em pleno decênio de 70, estes versos ganharão uma melodia, composta por Toquinho, o último parceiro de Vinicius. (N. O.)

Com quem ninguém tocava dantes. Ouve
Apolo, que beleza! que agonia!
Me dá uma vontade de chorar...

APOLO

Toca muito o meu filho, até parece
Não um homem, mas voz da natureza...
Se uma estrela falasse, assim dizia.
Escuta só. (*dá risada*) Até ofende a Deus
Tocar dessa maneira. Olha que acordes!
Quanta simplicidade! Sabes duma?
Me lembro dele quando, pequenino
Ficava engatinhando no terreiro
Nuzinho como Deus o fez: ficava
De boca aberta, resmungando coisa
Olhando as estrelinhas que acordavam
De tarde, pelo céu... Esse menino
Eu pensava, conversa com as estrelas...
Vai ver conversa mesmo.

CLIO

Se conversa!
Mas fica quieto, peste. É até pecado
Ficar falando com Orfeu tocando.

> A música, em acordes, desenrola-se solta, cada vez mais próxima. Já agora ritmos de samba começam a marcá-la, aqui e ali, ritmos saudosos que enchem a noite. Às vezes chegam de longe sons, um cantar agudo de mulher, uma voz de homem que chama, pedaços soltos de um ensaio de batucada. Mas o violão cristalino predomina sempre. Num dado momento, a noite faz-se subitamente muito escura, como se uma nuvem espessa tivesse encoberto a Lua. Ao clarear a cena, Orfeu acha-se no topo da escada, o violão a tiracolo.

ORFEU

Toda a música é minha, eu sou Orfeu!

> Dá uma série de acordes e glissandos à medida que se aproxima da amurada. Vindas, ninguém sabe de onde, entram voando pombas brancas que logo se perdem na noite. Próximo uivam cães longamente. Um gato que surge vem esfregar-se nas pernas do músico. Vozes de animais e trepidações de folhas, como ao vento, vencem por um momento a melodia em pianíssimo que brota do violão mágico. Orfeu escuta, extático. Depois recomeça a tocar, enquanto, por sua vez, cessam os sons da

natureza. Ficam nesse desafio por algum tempo, alternando vozes, até que tudo estanca, vozes, ruídos e música.

ORFEU

Eu sou Orfeu... Mas quem sou eu? Eurídice...

Voltam por um momento os sons, os uivos de cães que se lamentam, o chilrear patético de pássaros nos ninhos. Depois a melodia do violão se retoma como um carinho.

ORFEU

Eurídice... Eurídice... Eurídice...
Nome que pede que se digam coisas
De amor: nome do meu amor, que o vento
Aprendeu para despetalar a flor
Nome da estrela sem nome... Eurídice...

Tenta executar, em glissandos, o nome por que chama. Depois ri beatificamente, balançando a cabeça.

CLIO (*de dentro*)

Orfeu? Meu filho, és tu? Que estás fazendo?
Estás falando sozinho, filho meu?

ORFEU

Mãe, ainda não dormiu?

CLIO

Mas que pergunta!
Dormindo eu não estaria perguntando.
Onde está com a cabeça, Orfeu?

ORFEU (*baixinho*)

No céu.

Ouve-se barulho dentro do barracão, e pouco depois surge Clio à porta. Fica parada, espiando o filho sem ser vista. Mais tarde aparece Apolo e os dois deixam-se estar, atentos aos menores gestos do tocador.

ORFEU (*num sussurro*)

Eurídice... Onde está você, Eurídice?

Não pára um segundo de tocar, como atendendo a uma música íntima. Mas de repente se volta, como sentindo-se observado.

ORFEU (*a voz meio agastada*)

Mãe? Pai? Que é isso? Já pra dentro!
Sair da cama quente com esse tempo
Frio... Não têm juízo?

CLIO

                    Quem não tem
Juízo? O que pergunta ou o que responde?
O que quer dar um pouco do que é seu
Ou o que tinha juízo e que perdeu
E que nem sabe onde?

ORFEU (*como para si mesmo*)

                      Sabe onde.
Sabe onde! Minha mãe, neste momento
O juízo de Orfeu tem outro nome
Um nome de mulher... Neste momento
O juízo de Orfeu canta baixinho
Um poema de Orfeu que não é seu:
É um nome de mulher... Neste momento
O juízo de Orfeu, todo de branco
Sobe o morro para encontrar Orfeu!

CLIO

                      Meu filho
Que é isso? Onde está o meu Orfeu?
Estou te estranhando tanto...

APOLO

                      Não te mete
Mulher, deixa o menino...

ORFEU

                      Não, meu pai
Foi bom até puxar o assunto. Eu...

CLIO

Tu estás tocando muito hoje, meu filho...
Tu sempre tocas muito, eu sei; mas hoje
Teu violão entrou pelo meu sono
Como uma fala triste. Que é que há
Com você, filho meu, que tua mãe
Sabe e não quer saber, e que agonia
A negra velha?

ORFEU (*carinhoso*)

                  Minha velha... (*corre a beijá-la*)
Mãezinha, como pode?...

CLIO

    Uai, podendo!
Pois a gente não é de carne e osso
Não bota filho neste negro mundo
Não sofre, não capina, não se cansa
Não espreme o peito até dar leite e sangue
Não lava roupa até comer o sabugo (*olha Apolo de lado*)
Não sustenta um malandro, um coisa-ruim
Que só sabe contar muita garganta
E beber sem parar no botequim?
Pois a gente não é mãe, não cria um filho
Pra ser, como eu criei, absoluto
Pra ser o tal, querido e respeitado
Por homens e mulheres?

    Apolo olha Orfeu, levanta os ombros e interna-se no barracão. Ao emudecer sua mãe, o músico põe-se a tocar baixinho, em acordes nervosos.

ORFEU

    Ah, minha mãe
Minha mãe, que bobagem! e para que
Ofender o meu velho, homem tão bom
Quanto músico, ele que me ensinou
Tudo o que eu aprendi, da posição
À harmonia, e que se nada fez
É porque fez demais, fez poesia...

CLIO

    Ah, que eu já estou muito chata desta vida
Tomara já morrer...

ORFEU

    Morrer sem ver
O filho de seu filho, que vai ser
O maioral dos maiorais?

CLIO (*chegando-se a ele*)

    Que conversa esquisita é essa, meu filho?

ORFEU (*pondo-lhe as mãos nos ombros*)

    Tão grande minha mãe, e ainda tão boba! (*recomeça a tocar*)
Minha mãezinha, eu quero me casar
Com Eurídice...

CLIO (*a voz desesperada*)
>   Com Eurídice, meu filho?
> Com Eurídice, nego? Mas... pra quê?

ORFEU (*dedilhando docemente*)
> Eu gosto dela, minha mãe; é um gosto
> Que não me sai nunca da boca, um gosto
> Que sabe a tudo o que de bom já tive...
> Aos seus beijos de mãe quando eu menino
> À primeira canção que fiz, ao sonho
> Que tive de chegar onde estou hoje...
> Um gosto sem palavras, como só
> A música pode saber...

>   Dedilha o violão, como à procura da expressão que lhe falta.
>   Minha mãe
> Eu quero Eurídice e Eurídice me quer
> Teu Orfeu, minha mãe, também é homem
> Precisa uma mulher...

CLIO (*embargada*)
>   Uma mulher?!
> Qual a mulher que Orfeu não pode ter?
> É só chamar... Meu filho, o morro é teu
> É só você; desde sua mãe, que é tua
> Até a última mulher... Pra que
> Ir se amarrar, meu filho? Pensa um pouco
> Você nasceu para ser livre, Orfeu!
> Orfeu prisioneiro...

ORFEU
> Você não entende, não; não sou mais eu
> É ele, minha mãe... Orfeu é Eurídice
> A música de Orfeu é como o vento
> E a flor; sem a flor não há perfume
> Há o vento sozinho, e é triste o vento
> Sozinho, minha mãe...

CLIO
>   Escuta, filho
> Eu sei, tudo isso eu sei; minha conversa
> É outra, Orfeu. Não é que eu seja contra
> Você gostar de Eurídice, meu filho

Não tem mesmo mulata mais bonita
Nem melhor, neste morro — uma menina
Que faz gosto, de tão mimosa... mas
Pra quê? Eu te conheço bem, Orfeu
Eu que sou tua mãe, e não Eurídice
Mãe é que sabe, mãe é que aconselha
Mãe é que vê! e então eu não estou vendo
Que descalabro, filho, que desgraça
Esse teu casamento a três por dois
Tu com essa pinta, tu com essa viola
Tu com esse gosto por mulher, meu filho?
Ouve o que eu estou dizendo antes que seja
Tarde... Não que eu me importe... Mãe é feita
Mesmo para servir e pôr no lixo...
Mas toma tento, filho; não provoca
A desunião com uma união; você
Tem usado de todas as mulheres
Eu sei que a culpa disso não é só tua
O feitiço entra nelas com tua música
Mas de uma coisa eu sei, meu filho: não
Provoca o ciúme alheio; atenta, Orfeu
Não joga fora o prato em que comeste...
Você quer a menina? muito bem!
Fica com ela, filho... — mas não casa
Pelo amor de sua mãe. Pra que casar?
Quem casa é rico, filho; casa não!
Quem casa quer ter casa e ter sustento
Casamento de pobre é amigação
Junta só com a menina; casa não!

>Enquanto sua mãe fala, Orfeu não pára um só instante de tocar, como se discutisse com ela em sua música, às vezes com a maior doçura, às vezes irritado ao extremo. Ao ver, no entanto, a face dolorosa com que Clio termina a sua exortação, corre a ela e abraça-a.

ORFEU
  Minha velha!
CLIO (*chorando*)
  Meu filho, casa não!

>Põe-lhe os braços sobre os ombros, trazendo-lhe a cabeça, e beija-o rudemente sobre a testa. Orfeu conserva-se assim por um instante, meio curvo. Ao recuperar-se novamente, está so-

zinho. Olha à toa, atônito. Seu violão, como perdido, responde ao estado de alma que o toma em acordes lancinantemente dissonantes. A frase musical correspondente ao nome de Eurídice reponta pungente em seu dedilhado agônico. Ele aproxima-se da amurada, voltado para as luzes da cidade. Uma lufada de vento traz sons como de harpa, que parecem enunciar o nome de Eurídice. Tudo é Eurídice na mecânica do instante, e a presença da mulher amada deve manter-se com uma força e fatalidade inenarráveis.

ORFEU

Eurídice! Eurídice! Eurídice!

O violão responde com três acordes semelhantes. Aos poucos, uma melodia parece repontar, com ritmos mais característicos, da massa informe de música que brota do instrumento. Orfeu, atento ao chamado, dedilha mais cuidadosamente certas frases. Aos poucos o samba começa a adquirir forma, enquanto a letra espontânea, a princípio soletrada, vai se adaptando à música.

ORFEU (*cantando "Um nome de mulher"*)

Um nome de mulher
Um nome só e nada mais...
E um homem que se preza
Em prantos se desfaz
E faz o que não quer
E perde a paz.

Eu por exemplo não sabia, ai, ai
O que era amar
Depois você me apareceu
E lá fui eu
E ainda vou mais...

Repete a melodia algumas vezes, cantando entre dentes e fazendo uns passinhos de samba. Quando acaba ri sozinho.

ORFEU

Eh! sambinha gostoso! estou te vendo
Descer o morro, meu samba... Ó turbilhão
De músicas em mim! Ih, já tem outra
Pronta para sair! Sossega, idéia!
Calma, violão! assim não adianta!
Vamos mais devagar... Deixa ver essa (*dedilha*)
Melodia... Frase para uma canção...
Uma canção a se chamar...

EURÍDICE (*que já se achava presente havia algum tempo a observá-lo*)
...Eurídice!

ORFEU

    Foi você que falou, violão? ou foi
    O nome dela no meu coração
    Que eu disse sem saber?...

EURÍDICE

                    Foi não, foi não!
    Foi o amor mesmo que chegou, Orfeu!
    Sou eu, neguinho...

ORFEU (*voltando-se, dá com ela e recua como ofuscado*)
                Eurídice! Visão!

EURÍDICE

    Como passou o meu amor sem mim?
    Pensou em mim? (*suspira*) Três horas e quarenta
    Minutos sem olhar o meu amor
    Ah! meu amor mais lindo...

                Correm um para o outro e se abraçam apaixonadamente.

                Sofrimento!

ORFEU

    Só sofrimento!

EURÍDICE

                Ouve o meu coração
    Como bate, neguinho. Vim correndo...

ORFEU (*põe-se a soluçar, a cabeça oculta no colo da amada*)
    Mulher, eu já nem sei o que me mata
    Se é o amor que te tenho, tão maior
    Que esse meu doido peito, ou se a vontade
    Impossível de amar-te mais ainda. (*afasta-se para olhá-la*)
    Ah, meu amor, como você é linda!

EURÍDICE

    Só uma coisa no mundo é linda: Orfeu! (*beija-o*)

ORFEU

    Alguém chora de bobo... não sou eu!

EURÍDICE (*beijando-lhe os olhos*)
    Lágrimas do meu imenso amor, lágrimas
    Tão puras... sobre a tua pele escura
    Lembram estrelas de noite... deixa eu ver

Quero beber uma por uma as lágrimas
Me embriagar de estrelas...

ORFEU

                    Ah, neguinha
Quanta saudade!

                Riem os dois, de mãos dadas, contemplando-se.

        Eurídice, dizer
Que eu nasci antes de você nascer!
Como é que pode ser? o que é que eu era
Antes de Eurídice? um feixe grande de ossos?
Um bocado de carne e pele escura?
Dois pés e duas mãos? E o sentimento
A idéia, o que eram? Nada! O nascimento
De Orfeu foi quando Eurídice nasceu!

EURÍDICE

Doçura do meu peito! fala mansa
Que toda me arrepia! desgraçado
Que me matas de gosto! tentação!
Ah, não me fala assim tão doce não
Ainda não, ainda não, senão Eurídice
Vai ser tua antes de ser...

ORFEU (*tomando-a nos braços*)

                    Paixão!
Paixão que me alucina e me dá vida!
Mulher do meu amor aparecida
Eu te quero pra mim!

EURÍDICE

                    Ainda não!
Por favor, meu amor, um segundinho
Só; daqui dois dias nos casamos
Como se combinou; já está tratado
O casamento e tudo; já cosi
Meu vestido de noiva, comprei véu...
Vamos fazer assim como Deus quer
Não é mesmo?

ORFEU (*abraçando-a violentamente*)

               Paixão, paixão, paixão
Paixão por ti, mulher!

> Beijam-se num embate irresistível, enquanto novamente o céu escurece como se uma nuvem ocultasse a lua. Sons como vozes informes parecem vir do vento, em meio dos quais repontam subitamente os gemidos agoniados de Eurídice.

EURÍDICE (*a voz embargada*)
  Não, meu neguinho. Pelo amor de Deus
  Ainda não! ainda não!

> A luz da lua volta a iluminar a cena. Orfeu desembaraça-se lentamente do abraço da namorada.

ORFEU
  Perdão, Eurídice
  Se é que é possível o amor pedir perdão.
  Dois dias mais... é tanto tempo, Eurídice (*muda de tom*)
  Tá bem. Faço das tripas coração
  Morro de amor, tá bom?... porque a morena
  Não me quer...

EURÍDICE (*num gemido*)
  Peste, demônio, coisa ruim! me mata
  Mas não me fala assim...

ORFEU
  Minha adorada
  Eu estou brincando, bem-querer...

EURÍDICE
  Desculpa
  A culpa é minha, eu sei...

ORFEU
  Ninguém tem culpa
  Minha neguinha... é só amor — mais nada...

EURÍDICE (*suspirando fundo*)
  Poxa! estou com a cabeça revirada...

> Riem gostosamente. Depois novamente se abraçam, mas desta vez com infinita ternura.

ORFEU (*berçando a namorada*)
  O meu amor tão bom... Meu bem... Meu bem...

EURÍDICE
  Diz que mulher tem alma de gato. Tem.

> Riem mais, abraçados. Depois Eurídice desenlaça-se.

ORFEU

    Já, neguinha?

EURÍDICE

               É preciso, meu amor...
Preciso dar uma chegada em casa
Ver mamãe.

ORFEU

          Vê se volta, por favor...
Tenho um sambinha novo pra mostrar
E quem sabe se até você voltar
Não sai outro...

EURÍDICE (*dirigindo-se ao violão*)

           Me diga... sai, violão?

                Orfeu dedilha o instrumento à solta.

ORFEU

    Ele disse que faz o que você manda
Meu coração.

EURÍDICE (*benzendo-se*)

           Cruz-credo! até parece
Que essa viola fala de verdade...
Vai ver fala de fato.

                Orfeu, brincando, exprime coisas que lhe quer dizer, coisas
                súplices que fazem a namorada rir.

Até, neguinho.
Volto num instante.

                De repente retorna o vento, e os rumores estranhos da noite.
                O violão toca agitado por alguns instantes enquanto Eurídice
                se afasta.

ORFEU (*num grito*)

    Eurídice!

EURÍDICE (*voltando-se assustada*)

           Que foi, Orfeu? alguma
Coisa, meu bem-querer?

ORFEU

              Não sei. Me deu
De repente uma coisa, uma agonia
Uma vontade de te ver...

        A cena clareia de modo fantástico, como se a intensidade do luar tivesse aumentado sobrenaturalmente.

                  Querida!
Não vai não!

EURÍDICE

              Meu neguinho, que bobagem!
É um instantinho só. Volto com a aragem...

ORFEU

Por que você está assim, filhinha?
O que é que você tem?

EURÍDICE

                  É a lua, coração.
É a luz da lua, não é nada não.

ORFEU

Ai, que agonia que você me deu
Meu amor! que impressão, que pesadelo!
Como se eu te estivesse vendo morta
Longe como uma morta...

EURÍDICE (*chegando-se a ele*)

                    Morta eu estou.
Morta de amor, eu estou; morta e enterrada
Com cruz por cima e tudo!

ORFEU (*sorrindo*)

                   Namorada
Vai bem depressa. Deus te leve. Aqui
Ficam os meus restos a esperar por ti
Que dás vida!

              Eurídice atira-lhe um beijo e sai.

Mulher mais adorada!
Agora que não estás, deixa que rompa
O meu peito em soluços! Te enrustiste
Em minha vida; e cada hora que passa
É mais por que te amar, a hora derrama
O seu óleo de amor, em mim, amada...
E sabes de uma coisa? cada vez
Que o sofrimento vem, essa saudade
De estar perto, se longe, ou estar mais perto

Se perto — que é que eu sei! essa agonia
De viver fraco, o peito extravasado
O mel correndo; essa incapacidade
De me sentir mais eu, Orfeu; tudo isso
Que é bem capaz de confundir o espírito
De um homem —, nada disso tem importância
Quando tu chegas com essa charla antiga
Esse contentamento, essa harmonia
Esse corpo! e me dizes essas coisas
Que me dão essa força, essa coragem
Esse orgulho de rei. Ah, minha Eurídice
Meu verso, meu silêncio, minha música!
Nunca fujas de mim! sem ti sou nada
Sou coisa sem razão, jogada, sou
Pedra rolada. Orfeu menos Eurídice...
Coisa incompreensível! A existência
Sem ti é como olhar para um relógio
Só com o ponteiro dos minutos. Tu
És a hora, és o que dá sentido
E direção ao tempo, minha amiga
Mais querida! Qual mãe, qual pai, qual nada!
A beleza da vida és tu, amada
Milhões amada! Ah! criatura! quem
Poderia pensar que Orfeu: Orfeu
Cujo violão é a vida da cidade
E cuja fala, como o vento à flor
Despetala as mulheres — que ele, Orfeu
Ficasse assim rendido aos teus encantos!
Mulata, pele escura, dente branco
Vai teu caminho que eu vou te seguindo
No pensamento e aqui me deixo rente
Quando voltares, pela lua cheia
Para os braços sem fim do teu amigo!
Vai, tua vida, pássaro contente
Vai, tua vida, que estarei contigo!

> Às últimas linhas o violão de Orfeu já começa a afirmar uma nova melodia, que o músico retoma. O samba se vai pouco a pouco revelando, enquanto a letra se forma naturalmente, ao sabor do ensaio. Orfeu canta "Se todos fossem iguais a você".

Vai, tua vida
Teu caminho é de paz e amor
A tua vida
É uma linda canção de amor
Abre os teus braços e canta a última esperança
A esperança divina
De amar em paz...

Se todos fossem iguais a você
Que maravilha viver!
Uma canção pelo ar
Uma mulher a cantar
Uma cidade a cantar
A sorrir, a cantar, a pedir
A beleza de amar...
Como o sol, como a flor, como a luz
Amar sem mentir nem sofrer
Existiria a verdade
Verdade que ninguém vê
Se todos fossem no mundo iguais a você!

Às últimas linhas, entra Mira.

MIRA
Tá bom, deixa... Sambinha novo, Orfeu?

ORFEU (*olhando-a casualmente*)
É. Samba novo. Como vai? Adeus.

MIRA
Ah, gostei muito da recepção...
Antes não tinha disso não, violão.

ORFEU
É. Boa noite. Vê se eu estou na esquina.
Se eu não estiver vem logo me contar.
Não me encontrando, eu estou em algum lugar.

MIRA (*mudando de tom*)
Que é isso, coração? me desprezando?
Antigamente ocê era diferente...
Me lembro um samba teu chamado "Mira":
Se lembra?

ORFEU

>Desse lado de cá não escuto nada
>De tanto que escutei conversa fiada.
>Joga pro alto!

MIRA

>Te manca aí, benzinho
>Se fosse outra pessoa que falasse
>Você escutava direitinho...

ORFEU

>Some!
>Sacode o lombo, vira fada, voa!

MIRA

>Tu com essas partes todas, coisa à-toa
>Não faz um ano andava me pegando...
>Se esqueceu?

ORFEU

>Me esqueci. Ora essa é boa!
>Que é que há pra lembrar que eu não lembro?
>Sou esquecido, esquecido...

MIRA

>Talvez você precise
>De alguém para refrescar sua memória
>Alguma suja, alguma descarada
>Alguma vagabunda sem-vergonha
>Alguma mulatinha de pedreira
>Metida a branca!

ORFEU (*voltando-se furioso*)

>Mete o pé, ferida
>Senão eu te arrebento de pancada
>A boca carcomida!

MIRA (*enfrentando-o*)

>É? Arrebenta
>Se ocê é homem!

ORFEU (*chegando-se a ela*)

>Vai-te embora, mulher, enquanto é tempo
>Não me põe louco! faz o que eu te digo!

MIRA (*rindo sarcástica*)
    Bancando o seu abob'ra... Nem te ligo...
    Quem sabe até não quer me convidar
    Para madrinha?

ORFEU (*como para si mesmo*)
              Que é isso, Orfeu...
    Muita calminha... Calma, homem, calma...

MIRA (*olhando-o com desprezo*)
                                É. Vou buscar
    O calmante, tá bom? Dizer que isso
    Já foi o tal! Que é que te deu, Orfeu
    Te puseram feitiço?

ORFEU
              Vai levando...
    Desaparece, Mira! Estou querendo
    É paz, é muita paz. Não me chateia
    Pelo amor de sua mãe, some!

MIRA (*cuspindo*)
                      Ferida!
    Ferida és tu, seu mal-agradecido
    Desprezar essa negra que te deu
    Tudo o que tinha, tudo!

ORFEU
              Calma, Orfeu
    Muita calma...

MIRA
              Vendido! Porcaria!
    Filho duma cadela! Vai pro mato
    Pegar a tua Eurídice!

        A essas palavras Orfeu avança sobre ela e agride-a a bofetadas. A mulher reage e os dois lutam violentamente por um instante. Numa separação momentânea, Mira, atemorizada, recua.

CLIO (*de dentro, a voz assustada*)
    Orfeu? Orfeu?

        Orfeu se retoma e por um momento deixa-se estar na mesma posição, ofegante, enquanto a mulher, apavorada, foge lentamente de costas, até desaparecer numa carreira.

ORFEU (*a voz alterada*)

    Pode dormir quietinha, mãe. Sou eu.

CLIO (*no entressono*)

    Não fica muito tempo nesse frio
    Meu filho, vem dormir.

ORFEU

              Já vou, mãezinha.

> Pega no violão e põe-se a tocar agitadamente. Depois vai serenando, em acordes que aos poucos se vão fazendo mais e mais alegres. Por fim o ritmo do samba já reponta. Dá uma sonora gargalhada.

    Mulher... ah, mulher!

> O instrumento parece repetir a frase. Orfeu assovia. Depois o samba começa a aparecer. Orfeu canta "Mulher, sempre mulher".

Mulher, ai, ai, mulher
Sempre mulher dê no que der
Você me abraça, me beija, me xinga
Me bota mandinga
Depois faz a briga
Só pra ver quebrar!
Mulher, seja leal
Você bota muita banca
E infelizmente eu não sou jornal.

Mulher, martírio meu
O nosso amor
Deu no que deu
E sendo assim não insista, desista
Vá fazendo a pista
Chore um bocadinho
E se esqueça de mim.

> Ri gostosa, sonoramente. Enquanto a sua risada se prolonga, chegam, novamente, informes, os ruídos da natureza, misteriosos como falas. A cena escurece como anteriormente. Orfeu, olhando em torno, sai lentamente de cena, repetindo seu samba ao violão. Passados alguns segundos, entra soturno Aristeu.

ARISTEU

    Eu me chamo Aristeu, pastor de abelhas

Mas não há mel bastante neste mundo
Para adoçar a minha negra mágoa...
Aristeu, Aristeu, por que nasceste
Para morrer assim, cada segundo
Desse teu negro amor sem esperança?
Ah, Eurídice, criança! que destino
Cruel pôs-te, fatal, no meu caminho
Com teu corpo, teus olhos, teu sorriso
E tua indiferença? Ah, negra inveja
De Orfeu! Ah, música de Orfeu! Ah, coração
Meu, negro favo crepitando abelhas
A destilarem o negro mel do crime!
Orfeu, meu irmão, por quê? por que teu vulto
Em forma de punhal no meu caminho?
Por que te fez tão belo a natureza
Para não a Aristeu, amar-te Eurídice?
Por que razão te dizes meu amigo
Orfeu, se praticaste a crueldade
De seres como és, e sendo Orfeu
Seres mais bem-amado? Ah, desgraçado
Aristeu, pobre vendedor de mel
Do mel de Orfeu! Tu, Orfeu, deste a colmeia
Que um dia, entre as abelhas, de repente
Abriu na cera ao ninho da serpente
Que há de picar Eurídice no seio:
Negro seio que nunca há de dar leite...

    No final do monólogo entra Mira que, escondida, deixa-se a observar Aristeu.

MIRA

Não é verdade, Aristeu: o seio negro
De Eurídice, daqui mais nove meses
Estará escorrendo leite branco
Para o filho de Orfeu! Eu sei, Aristeu
Eu sei porque eu ouvi!

ARISTEU (*voltando-se*)

    Quem está aí?

MIRA (*aparecendo*)

 Eu, Mira.

ARISTEU (*voltando-se possesso*)
>Mentira! É uma mentira! (*agarra-a*)
Fala, mulher!

MIRA
>Se você me sufoca
>Assim, como é que eu vou poder falar?

ARISTEU
>Então cala!

MIRA
>Isso não! Vou te contar
>Tudo o que ouvi Orfeu dizer a Eurídice
>E Eurídice a Orfeu... Não banca o otário
>Aristeu!

>>Põe-se a sussurrar-lhe ao ouvido, depois olha em torno. Afastam-se rapidamente. Poucos segundos depois, aparece Orfeu acompanhando no violão um choro que se executa no morro. A lua ilumina a cena. Mas de súbito tudo escurece, como anteriormente. Orfeu estaca e pára de tocar. Logo, do fundo da sombra, cresce uma voz soturna, enorme, como ecoando numa câmara de eco.

A DAMA NEGRA
>O homem nasce da mulher e tem
>Vida breve. No meio do caminho
>Morre o homem nascido da mulher
>Que morre para que o homem tenha vida.
>A vida é curta, o amor é curto. Só
>A morte é que é comprida...

ORFEU
>Quem falou?

>>A cena clareia, enquanto surge da escada, lenta, uma gigantesca negra velha, esquálida, envolta até os pés num manto branco, e trazendo nas mãos um ramo de rosas vermelhas.

A DAMA NEGRA
>Sou eu, Orfeu; a Dama Negra!

ORFEU (*as mãos sobre os olhos, como ofuscado*)
>Quem sois vós? Quem sois vós, senhora Dama?

A DAMA NEGRA
>Eu sou a Dama Negra. Não me chamo.

Vivo na escuridão. Vim porque ouvi
Alguém que me chamava.

ORFEU

                    Não chamou!
Ninguém chamou aqui!

A DAMA NEGRA

               Chamou, Orfeu
E eu vim.

ORFEU

     Não veio! Aqui quem manda é Orfeu!
Mando eu!

A DAMA NEGRA

Hoje alguém me chamou que vai comigo
Para o fundo da noite vai comigo
Alguém me chamou.

ORFEU

              Não chamou!
Este é meu reino, aqui quem manda é Orfeu
Digo que não chamou!

A DAMA NEGRA

               O mundo é meu
Orfeu, o mundo é meu. Tenho um instante
Para ficar, Orfeu. Depois, Orfeu
Tenho que ir adiante...

ORFEU

              Vá embora
Senhora Dama! eu lhe digo: vá embora!
No morro manda Orfeu! Orfeu é a vida
No morro ninguém morre antes da hora!
Agora o morro é vida, o morro é Orfeu
É a música de Orfeu! Nada no morro
Existe sem Orfeu e a sua viola!
Cada homem no morro e sua mulher
Vivem só porque Orfeu os faz viver
Com sua música! Eu sou a harmonia
E a paz, e o castigo! Eu sou Orfeu
O músico!

A DAMA NEGRA

        Orfeu, eu sou a Paz.
Não sou de briga, Orfeu...

ORFEU

            Orfeu é forte!
Vá embora, senhora Dama!

A DAMA NEGRA

                Não.
Alguém chamou. Aqui esperarei.

ORFEU

Orfeu é muito forte! Orfeu é rei!
Vá embora, senhora!

> Põe-se a tocar furiosamente em seu violão, em ritmos e batidas violentos. Os sons, à medida que se avolumam, vão criando uma impressão formidável de magia negra, de macumba, de bruxedo.

E vá dançando!

> A Dama Negra, ao ritmo que se desenvolve cada vez mais rapidamente, põe-se a dançar passos de macumba, a princípio lenta, depois vertiginosamente, na progressão da música.

Dança, senhora Dama! Dança! Dança!

> O movimento segue assim, num crescendo infinito, até que, exausto, Orfeu pára, com macabro e demoníaco som do violão. A cena escurece totalmente. Quando clareia, vê-se Eurídice no mesmo lugar onde se achava a Dama Negra, também com um ramo de rosas na mão.

EURÍDICE

Orfeu! Querido! Que é que aconteceu?

ORFEU (*olha-a como se não a reconhecesse*)

Eurídice? Que sonho tive eu
Minha Eurídice!

EURÍDICE (*corre até ele*)

       Tado do meu neguinho!
Eu demorei demais. Também mamãe
Não queria que eu viesse, deu conselho:
Menina, toma tento! espera um pouco
Sossega com esse fogo, se resguarda
Patati-patatá. E eu conversando

Ela, dizendo que era só um instante
Que eu só queria te dizer boa-noite.
Desculpa, meu amor...

ORFEU

Minha adorada
Perto de ti não penso mais em nada
Foi um sonho, passou...

EURÍDICE

Fez algum samba?

ORFEU

Fiz dois.

EURÍDICE

Fez algum para mim, Orfeu?

ORFEU

Tudo o que sai do violão é teu
Mulher...

EURÍDICE

Que mais aconteceu?

ORFEU

Nada. Mira veio me ver. Me provocou
Quase dou-lhe na cara uma pregada.

EURÍDICE (*rindo*)

Bobo! Brigando à toa! Ciumada...

ORFEU

É. Perdoa a bobagem...

EURÍDICE (*beijando-o*)

Perdoada.

Orfeu prende-a num beijo e os dois amorosos se enlaçam estreitamente, enquanto volta o vento e com o vento os sons misteriosos da noite. Mas eles nada percebem, entregues à força da sua paixão.

ORFEU

Mulher, não me maltrata assim, malvada
Não me maltrata assim...

EURÍDICE (*abandonada*)

Neguinho
Neguinho meu!

ORFEU

     Ô que paixão danada!
Ô que paixão ruim!

     Enlaça-a pela cintura.
     Minha adorada
Por quê?

EURÍDICE

 Meu bem...

ORFEU

    Por quê? Por quê?

EURÍDICE

 Quer a sua morena tanto assim?

ORFEU (*a voz estrangulada*)

 Não é nem mais querer... é coisa ruim
 É morte!

EURÍDICE (*pensativa*)

    Morte? Morrer... E se eu morresse?
 Você ia sentir muito? Ou ficava
 Quem sabe, até bastante aliviado?

ORFEU (*num soluço*)

 Cala a boca, querida! Se eu
 Te perdesse eu iria te buscar
 Fosse no Inferno, tanto que te quero!

EURÍDICE

 Acaso pensa que eu também não quero?

ORFEU

 E então, por quê, meu bem?

EURÍDICE

     Você me quer?

ORFEU

 Nada no mundo eu quero mais, mulher
 Amor de minha vida...

EURÍDICE (*brincalhona*)

     Mas depois
 Não vai cansar de mim?

ORFEU

    Depois, vai ser só um — nunca mais dois:
Eurídice e Orfeu.

EURÍDICE

                Querido, escuta...
Mas onde?

ORFEU

         No barracão de Orfeu.
Na cama que Orfeu tinha preparado
Para a mulher que Deus lhe deu.

EURÍDICE

                        E os outros
E sua mãe, seu pai?

ORFEU

               Tudo arrumado.
Tenho lá meu quartinho separado.
A cama é um pouco dura, sonho meu...

EURÍDICE

    Hoje Eurídice é cama para Orfeu.

> Beijam-se de novo, ternamente, e entram juntos no barraco. À sua entrada a noite se faz imensamente clara e pássaros noturnos chilreiam invisíveis, enquanto melodias parecem vir da voz do vento. Mas logo surge de trás de um dos barracos o vulto de um negro alto e esguio, que se esgueira sorrateiramente e se vem plantar, num gesto dramático, em frente à casa dos dois amantes. Coincidindo com o seu gesto, e com uma nova música, patética, que vem dos ruídos da noite, a Dama Negra surge da sombra.

ARISTEU (*a voz soluçante*)

    Eurídice!

A DAMA NEGRA

    Eurídice morreu.

ARISTEU

    Quem falou? Quem falou?

A DAMA NEGRA

                Eu, Aristeu!
A Dama Negra, Aristeu...

ARISTEU (*num grito selvagem*)
                    Eurídice!

A DAMA NEGRA
   Tarde vieste, Aristeu. A tua Eurídice
   A tua Eurídice morreu! Naquela casa
   Entre os braços do homem que a perdeu
   Entre os braços de Orfeu, a tua Eurídice
   A tua Eurídice morreu, Aristeu!

ARISTEU
                    Não, não morreu!
   Está viva! Morrerá do braço meu!
   Quero o seu sangue!

A DAMA NEGRA
                    Ela morreu, Aristeu!
   Dentro daquela casa, a tua Eurídice
   Tudo o que tinha deu a seu Orfeu
   Aristeu!

ARISTEU
       Cala-te! Ela ainda não morreu!
   Está viva, eu é que vou matar, sou eu!
   Ou minha ou de ninguém!

A DAMA NEGRA
                    Qual, Aristeu...
   Tudo o que a tua Eurídice guardava
   Já entregou a Orfeu.

             Aristeu, como um louco, investe para a casa, brandindo os punhos. Nesse momento ouvem-se as vozes confusas dos dois amantes e ambos, Aristeu e a Dama Negra, recolhem-se furtivamente à sombra. A porta se entreabre para deixar passar Eurídice. Orfeu surge, a meio-corpo, apenas, entre os umbrais. Beijam-se demoradamente.

EURÍDICE
   Boa noite, meu amor.

ORFEU
                Boa noite, amiga.

EURÍDICE
   Como o corpo meu que foi teu, também

Meu pensamento está contigo!

ORFEU

                            Doce bem...
Pensa em mim, pensa bastante em mim!

EURÍDICE (*beijando-o*)

                                  Meu
Homem! Meu adorado!

ORFEU

                Todo teu
Todo teu, todo teu, o corpo, a alma
E a música de Orfeu!

EURÍDICE

              Ah, que saudade!

ORFEU

Nem me fales, mulher, (*beija-a*) amor de Orfeu!

EURÍDICE

Dor mais gostosa só morrer no céu...
Meu homem!

ORFEU

            Meu amor!

EURÍDICE

Meu doce Orfeu!
Boa noite, preciso ir...

ORFEU

              Leva contigo
O meu amor...

EURÍDICE

                Contigo fica o sangue
Do meu amor: amor, adeus...

ORFEU

Vai em paz, meu amor, toma cuidado
Pelo caminho! (*olha a noite*) A lua foi amiga
Não foi, amiga?

EURÍDICE (*beijando-o*)
>Foi, amigo. Adeus!

ORFEU (*beija-a*)
Adeus!

>Entra. Ao voltar-se Eurídice, Aristeu, surgindo do escuro, um punhal na mão, mata-a espetacularmente. Eurídice cai.

EURÍDICE (*ao morrer*)
>Adeus.

ARISTEU (*fugindo embuçado*)
>Adeus, mulher de Orfeu!

>A cena vai escurecendo lentamente, enquanto a Dama Negra surge do canto onde se ocultara. Tudo é silêncio. Com um gesto largo a Dama Negra tira o grande manto que a veste e cobre com ele o corpo de Eurídice morta enquanto cai o pano.

SEGUNDO ATO

CENA

No interior do clube Os Maiorais do Inferno, num fim de baile de terça-feira gorda. Cenário e ambiente característicos do nome, com grande margem para a sugestão de um balé, sem prejuízo, no entanto, do equilíbrio clássico que deve ser mantido no decorrer da ação. Pares e indivíduos isolados dançam pelo salão sem música, entre as sombras rubro-negras de refletores a insinuar a presença do fogo. Todas as figuras secundárias, homens e mulheres, vestem-se com o uniforme da sociedade carnavalesca, sendo que no caso destas últimas a indumentária faz lembrar vivamente Eurídice. Como nas orgias gregas, os homens perseguem as damas, que aceitam e refugam, ao sabor do movimento. Bebe-se fartamente, com unção, na boca das garrafas. Num trono diabólico, ao fundo, sentam-se Plutão e Prosérpina, com uma corte de mulheres à volta. Esse casal mefistofélico deve se caracterizar pelo tamanho e gordura, gente gigantesca, risonha, desperdiçada, a aproximar comparsas solitários, a gritar, a beber, insinuando, criando a festa.

PLUTÃO (*às gargalhadas, em tom altíssimo sugerindo o samba negro*)
>Aproveita, minha gente, que amanhã não tem mais! Hoje é o último dia! Aproveitem, meus filhos, que amanhã é Cinzas! Não quero ninguém triste, não quero ninguém sozinho, não quero ninguém a seco! Encham a cara que a morte é certa! Amanhã é Cinzas, hoje

é a alegria, o último dia da alegria! Afinal de contas, quem é que manda aqui?

PROSÉRPINA (*vivando*)

É o rei, é o rei!

TODOS (*em coro*)

É o rei, é o rei!

PLUTÃO

Quem dá bebida dá alegria dá samba dá orgia?

TODOS (*marcando o compasso*)

É o rei, é o rei!

PLUTÃO (*erguendo-se em toda a estatura*)

Quem é o rei?

TODOS (*aplaudindo vivamente*)

É O REI! É O REI!

> Dispersam-se como doidos, a marcar o tempo com palmas e sapateados, enquanto dançam ao sabor da frase, sempre repetida: "É o rei, é o rei!". Plutão e Prosérpina riem-se de morrer. A seus pés as mulheres riem-se também, a se rolar sensualmente.

PLUTÃO (*no mesmo tom agudo*)

Triste de quem não quer brincar, que fica a labutar ou a pensar o dia inteiro! Triste de quem leva a vida a sério, acaba num cemitério, trabalhando de coveiro!

TODOS (*em coro, marcando o compasso*)

Acaba num cemitério, trabalhando de coveiro!

PROSÉRPINA (*bêbada, erguendo-se*)

E viva a orgia! É o reinado da folia! É hoje o último dia! E viva!

TODOS

E viva!

PLUTÃO

Quem é que marca o tempo, meus filhos?

TODOS

É o bumbo!

> Ouve-se o som monstruosamente ampliado de um bumbo.

PLUTÃO
    Quem é que marca o ritmo?

TODOS
    É o tamborim!

        O mesmo, com um tamborim.

PLUTÃO
    Quem é que marca a cadência?

TODOS
    É o pandeiro!

        O mesmo, com um pandeiro.

PLUTÃO
    Quem é que faz a marcação?

TODOS
    É a cuíca!

        O mesmo, com uma cuíca.

PLUTÃO
    Quem é que anima a brincadeira?

TODOS
    É o agogô!

        O mesmo, com um agogô.

PLUTÃO
    Então, o que é que faz a batucada?

TODOS
    É o bumbo é o tamborim é o pandeiro é a cuíca é o agogô!

PLUTÃO
    Então como é como é como é? Sai ou não sai esse samba?

        Ouve-se o apito. Depois o primeiro e em seguida o segundo e terceiro tamborins. Logo entra a cuíca, num crescendo.

PLUTÃO (*altíssimo, superando a marcação*)
    É o samba ou não é?

TODOS
    É!

PLUTÃO
    É gostoso ou não é?

TODOS

    É!

PLUTÃO

    É do diabo ou não é?

TODOS

    É!

> O som atinge proporções fabulosas, enquanto todo mundo se põe a dançar, batendo com os pés a marcação. Plutão e Prosérpina dançam também, sobre o estrado, entre as mulheres que rolam bêbadas. A cena conserva-se, assim, por um tempo razoavelmente grande. De repente insinua-se, a princípio longínquo, depois numa amplitude cada vez maior, a dominar a batucada, o som cristalino de um violão que plange. Uma após outra, todas as figuras vão se imobilizando nas posturas originais do samba, e o som do batuque decresce, à medida que o das cordas aumenta. Só Plutão se ergue, como atônito, e se inclina para ouvir. O instrumento corre escalas dulcíssimas, em trêmulos e glissandos que se aproximam mais e mais. De vez em quando, em meio à música, uma voz chama. É a voz de Orfeu.

A VOZ DE ORFEU (*longuissimamente*)

    Eurídice!

> Cada vez que a voz chama, cria-se um silêncio provisório do violão. Esses chamados alternam-se com a expressão carinhosa da música, da qual participa freqüentemente a frase musical correspondente ao nome da mulher amada. Em breve as mulheres apenas, não os homens, vão saindo do letargo em que se achavam e como desabrochando da imobilidade.

A VOZ DE ORFEU

    Eurídice! Eurídice!

> À medida que o nome vai sendo repetido, as mulheres renascem totalmente, dando lugar então a que se ouça um prenúncio de coro, coisa fragílima, espécie de sussurro ou frêmito vocal, como uma crepitação de vento, repetido dissonantemente pelas mulheres, em escalas sucessivas, até desaparecer, de tão tênue. Esse eco coral desdobra o patético do nome que a voz de Orfeu trouxe de longe.

A VOZ DE ORFEU

    Eurídice!

CORO DAS MULHERES

    Eurídice... rídice... ídice... dice... ice... ce... ce... eee...

A VOZ DE ORFEU (*tristíssima*)

    Eurídice...

CORO DAS MULHERES

    Eurídice... rídice... ídice... dice... ce...

A VOZ DE ORFEU

    Mulata...

CORO DAS MULHERES

    Ai... ai... ai... ai... ai... ai... ai...

PLUTÃO (*erguendo-se arrebatadamente*)

    Continua a festa! Continua a festa!

        A essas palavras imperativas as mulheres se imobilizam, enquanto os homens começam a despertar. Insinua-se, em meio ao som do violão, o toque da batucada.

PLUTÃO (*bradando*)

    Alegria! É o reinado da alegria! Amanhã é Cinzas! Hoje é o último dia! E viva Momo! E viva a folia!...

    PLANO DE CÉRBERO

Vê-se Orfeu que vem tocando seu violão, uma grande expressão de mágoa estampada no rosto. Ele busca Eurídice em meio à loucura do Carnaval. Dirige-se para o clube dos Maiorais do Inferno, onde se processa, infernalmente, a batucada. Mas, súbito, vê seu caminho barrado pelo Cérbero, o leão-de-chácara do clube, o grande cão de muitos braços e muitas cabeças, que investe contra ele ameaçadoramente, e só não o trucida porque Orfeu não pára de tocar sua música divina, que o perturba. Quando o Cérbero avança, Orfeu recua, sempre tocando, e ante a música é o Cérbero que, por sua vez, recua, sem saber o que faça. Pouco a pouco a música de Orfeu domina o Cérbero, que acaba por vir estirar-se a seus pés, apaziguado.

    A batucada prossegue em crescendo, dominando aos poucos os sons do violão. Assim permanece por alguns instantes. De repente, ouve-se um brado desesperado, um grito inarticulado, como de horror. Deve ser tão sobre-humanamente alto e súbito que o seu efeito seria o de traumatizar completamente a assistência.

ORFEU

    Eurídice!

        Logo após esse grito aumentam os reflexos vermelhos do fogo, e em seguida faz-se a escuridão. Uma luz branca projeta-se sobre a porta de entrada, onde surge Orfeu, que pára no limiar. Vem todo de branco, o violão a tiracolo. Ali se deixa extático, por um tempo suficientemente grande para que se

> realize no espaço o silêncio evocado por aquele monstruoso grito. Ao soar seu violão, acendem-se as luzes e o músico ingressa na sala. Toca um choro triste, ao som do qual dançam as mulheres, somente elas, em passos lânguidos, isoladamente. Orfeu passeia pela sala, e durante esse passeio as mulheres o requestam com os gestos de sua dança.

PLUTÃO (*pondo-se de pé, num brado*)

Quem sois tu?

ORFEU (*parando de tocar, enquanto se imobilizam as mulheres*)

Eu sou Orfeu, o músico.

PLUTÃO (*brandindo o punho*)

Em nome do Diabo, responde: quem sois tu?

ORFEU

Eu sou a mágoa, eu sou a tristeza, eu sou a maior tristeza do mundo! Eu sou eu, eu sou Orfeu!

PLUTÃO

O que queres?

PROSÉRPINA (*atirando-se nos seus braços, bêbada, a buscar-lhe a atenção*)

Ele quer é rosetar! Deixa ele, bem. Olha para mim!

PLUTÃO

Silêncio, mulher! Plutão está falando, Plutão, o Rei dos Infernos! Não quero ouvir nem o voar de uma mosca! Silêncio! (*dirigindo-se a Orfeu*) O que queres?

ORFEU

Eu quero a morte!

PLUTÃO

Pára de fazer gracinha! Diz de uma vez: quem sois tu, e o que queres?

ORFEU

Eu quero Eurídice!

> A esse nome as mulheres recomeçam em sua dança lânguida, enquanto murmuram.

AS MULHERES

Eu quero a vida, ninguém me dá vida, Carnaval acabou, a vida morreu, acabou-se a vida, a vida sou eu, a vida morreu...

PLUTÃO

Em nome do Diabo, diz o que queres, homem!

ORFEU (*a voz grave e patética*)

Eu quero Eurídice!

AS MULHERES (*dançando*)

Eu sou Eurídice. Eurídice sou eu. Quem foi que disse que eu não sou Eurídice? Quem foi que disse que eu não sou Eurídice? Quem foi que disse que eu não sou Eurídice?

ORFEU (*num gemido do violão*)

Eurídice, querida. Vem comigo!

> Estende os braços para as mulheres, como a solicitá-las. Elas vêm, deixando-se namorar, e desvencilham-se ao sabor do movimento.

PLUTÃO

Ninguém sai daqui sem ordem do rei! Pra fora, penetra! Maiorais do Inferno: ponham o penetra pra fora! Pra fora! Ninguém quer arigó aqui!

> Os rumores da batucada começam novamente a se acender. Os homens se movimentam, aproximando-se em passos medidos, ameaçadores. Mas Orfeu domina-os com a magia de seu violão. O movimento estaca por completo.

ORFEU

Não sou daqui, sou do morro. Sou o músico do morro. No morro sou conhecido — sou a vida do morro. Eurídice morreu. Desci à cidade para buscar Eurídice, a mulher do meu coração. Há muitos dias busco Eurídice. Todo mundo canta, todo mundo bebe: ninguém sabe onde Eurídice está. Eu quero Eurídice, a minha noiva morta, a que morreu por amor de mim. Sem Eurídice não posso viver. Sem Eurídice não há Orfeu, não há música, não há nada. O morro parou, tudo se esqueceu. O que resta de vida é a esperança de Orfeu ver Eurídice, de ver Eurídice nem que seja pela última vez!

PLUTÃO

Pra fora! Aqui não tem Eurídice nenhuma. Tás querendo é me acabar com o baile, pilantra? Aqui mando eu! Pra fora, já disse!

PROSÉRPINA (*caindo bêbada sobre ele*)

O cara tá é cheio. Deixa ele, bem, senão é capaz de sair estrago. Vem cá, dá um beijinho.

PLUTÃO

Espera, mulher! Como é que pode? Como é que pode tocar a festa? Precisa pôr o homem na rua! Não tás vendo que o homem tá de malícia?

AS MULHERES (*em coro*)

Eu sou Eurídice...

ORFEU (*movimenta-se de uma para outra*)

Vem comigo! Mulata, vem comigo! Sem você não há vida, não há música, não há nada. Vem comigo! Vem conversar comigo como dantes! Vem deitar na minha cama como dantes!

AS MULHERES (*dançando*)

Quem foi que disse que eu não sou Eurídice? Quem foi que disse que eu não sou Eurídice?

PLUTÃO (*a voz aguda*)

Ninguém sai daqui sem ordem do rei! Aqui é o rei quem manda! Toca a música! Onde está a música? Cadê o bumbo o tamborim a cuíca o pandeiro o agogô? Toca o apito! Começa o samba! Não acabou o Carnaval ainda não!

PROSÉRPINA

Não resolve... O homem tá de cara cheia. Deixa ele. (*ri histericamente*) Dor-de-cotovelo tá comendo solta! Dor-de-cotovelo tá comendo solta, minha gente!

ORFEU (*estonteado*)

Onde estou eu? Quem sou eu? Que é que vim fazer aqui? Como é que foi? Isso é o Inferno e eu quero o Céu! Eu quero a minha Eurídice! a minha mulata linda, coberta de sangue... Eu quero a minha Eurídice, que brincava comigo, a minha mulata do dente branco...

As mulheres o rodeiam, dando-se as mãos. A batucada recomeça, baixinho, entre vozes e risadas perdidas. Estão todos bêbados, largados. Alguns homens correm, tontos, atrás de umas poucas mulheres que bailam à solta.

AS MULHERES (*acompanhando o bumbo e a cuíca em ritmo de marcha*)

Ciranda, cirandinha
Vamos todos cirandar
Já bateu a meia-noite
Carnaval vai acabar.

ORFEU (*os braços para o alto*)
>Não, não morreu!

AS MULHERES
>*Tinha uma, tinha duas*
>*Tinha três, tinha um milhão*
>*Tanta mulher não cabia*
>*Dentro do seu coração.*

ORFEU
>A minha Eurídice...

AS MULHERES
>*Vamos, maninha, vamos*
>*Na praia passear*
>*Vamos ver o casamento*
>*Ó maninha*
>*Que acabou de celebrar.*

ORFEU
>Eu e Eurídice...

AS MULHERES
>*Vamos, maninha, vamos*
>*Na praia passear*
>*Vamos ver a noiva bela*
>*Ó maninha*
>*E a marcha nupcial.*

ORFEU
>Aonde? Aonde?

>>Plutão e Prosérpina riem e se abraçam, já meio dormindo.

AS MULHERES
>*O anel que tu me deste*
>*Era vidro e se quebrou...*

ORFEU (*que se pôs a beber de uma garrafa, exaltado*)
Não! Era o maior amor do mundo! Era a vida, era a estrela, era o céu! Era o maior amor do mundo, maior que o céu, maior que a morte! Eurídice, querida, acorda e vem comigo...

AS MULHERES
>*Nessa rua, nessa rua tem um bosque*
>*Que se chama, que se chama solidão...*

ORFEU (*clamando*)
    Eurídice, vem comigo!

>   As libações continuam, gerais. Vários casais já dormem pelo chão. Alguns ainda dançam sambas caprichados, sem música. Um casal de malandros dança um em frente ao outro, jogando capoeira.

AS MULHERES (*pegando-se pelas mãos, e fazendo-se trocar os lugares, a cada linha. Os dois malandros continuam a capoeira*)

>   *Os escravos de Jó*
>   *Gostavam de brigar*
>   *Vira, mata, pega o zamberê*
>   *Que dá!*
>   *Guerreiro com guerreiro*
>   *Zip-zip-zip-zá!* } bis

>   Orfeu corre de uma mulher para outra, tentando separá-las. Mas o movimento sempre o repele. Ele bebe avidamente. Por aí então já todos dormem, com exceção das mulheres que cantam e dos dois malandros que dançam a capoeira, um em frente ao outro, à direita.

ORFEU (*brandindo a garrafa*)
    Eu sou o escravo da morte! Eu sou aquele que procura a morte! A morte é Eurídice! Vem comigo, morte...

>   Requesta as mulheres, mas estas se desvencilham. Orfeu pega o violão e dedilha. Por um momento os sons dulcíssimos dominam tudo e o movimento cessa totalmente, até que as mulheres, fascinadas, começam a seguir Orfeu em passadas lânguidas, medidas, enquanto o músico se afasta de costas, em direção à porta de saída. Mas quase no momento de sair, incutem, entre os acordes do violão, os ritmos pesados, soturnos, da batucada. Os dois sons coincidem por alguns instantes, enquanto as mulheres, indecisas, fluem e refluem ao sabor dos dois ritmos.

ORFEU (*para as mulheres, apontando-as*)
    Vem, Eurídice. Eu te encontrei. Eurídice é você, é você, é você! Tudo é Eurídice. Todas as mulheres são Eurídice. Quem é que quer mulher morta? Eu não quero mulher morta! Eu quero Eurídice, viva como na noite do nosso amor. Vem, minha vida...

>   A aurora raia, pouco a pouco, entre as sombras rubras. Orfeu, voltado para fora, exclama.

ORFEU
    É a madrugada, Eurídice. Lembra, querida, quantas madrugadas eu vi nascer no morro ao lado teu? Lembra, Eurídice, dos passarinhos

que vinham aceitar o desafio do violão de Orfeu? Lembra do sol raiando sobre o nosso amor? (*ergue os braços para a aurora*) Eurídice, tu és a madrugada! A noite passou, a escuridão passou. Espera, minha Eurídice! Eu vou, me espera...

> Vai saindo, tocando o seu violão, entre os acordes da batucada em pianíssimo. As mulheres correm atrás dele, mas o ritmo presente as prende mais. A cada movimento para a frente respondem com um refluxo geral, lânguido, dentro do tempo do samba.

ORFEU (*bem longe*)

É a madrugada, Eurídice...

AS MULHERES (*em coro, dançando, cantam sem palavras, com sons em surdina que aumentam como violinos*)

Hum... m... m... m...

> A cena se conserva assim, as mulheres dançando languidamente, os dois malandros lutando capoeira, à direita da sala, que se faz mais e mais clara. Ouve-se sempre a voz de Orfeu e seu violão, muito longe, em meio ao toque em pianíssimo da batucada. Depois cai lentamente o pano.

TERCEIRO ATO

CENA

A mesma do primeiro ato. Crepúsculo. Em frente ao barracão de Orfeu vêem-se agrupamentos de pessoas que conversam *ad lib*, em tom grave, atentas aos acessos de choro e, por vezes, gritos animais de dor que provêm de Clio no interior da casa. Entra o Coro.

CORO

PRIMEIRA VOZ

Ai, Orfeu...

SEGUNDA VOZ

   Pobre Orfeu...

TERCEIRA VOZ

      Orfeu tão puro...

QUARTA VOZ

Tão puro que de amor enlouqueceu...

QUINTA VOZ
    Creio em Orfeu...

SEXTA VOZ
        Criador de melodia...

PRIMEIRA VOZ
            Orfeu, filho de Apolo...

SEGUNDA VOZ
    Nosso Orfeu!

TERCEIRA VOZ
      Nasceu de Clio...

QUARTA VOZ
         E muito padeceu
Sob o poder maior da poesia...

QUINTA VOZ
    E foi pela paixão crucificado...

SEXTA VOZ
    E ficou louco e abandonado...

CORO (*em uníssono*)
    Desceu às trevas, e das grandes trevas ressurgiu à luz, e subiu ao morro onde está vagando como alma penada procurando Eurídice...

CLIO (*possessa*)
    Ah, maldita! maldita! Que fizeste
Com o meu filho?...

APOLO (*aflito, de dentro*)
        Sossega, coração.
Tem calma, Clio, pelo amor de Deus...
Olha os vizinhos, minha nega.

CLIO (*aos berros*)
        Vaca!
Prostituta! Cadela! Vagabunda!
Nasce de novo que é pra eu te comer
Os olhos! Sem-vergonha! Descarada!
Nasce de novo, nasce!

APOLO

                            Minha filha
Minha filha, tem calma...

CLIO (*em prantos*)

                            Vai embora!
Sai de perto de mim! Quero o meu filho!
Onde está meu Orfeu?

APOLO

                            Está por aí
Quietinho que parece uma criança.
A doideira de Orfeu, mulher, é mansa...

Ouve-se um estertor de Clio.

CLIO

Não, é mentira! Doido o meu Orfeu?
Ah, Deus do céu! Me leva bem depressa
Que é pra eu encontrar aquela negra
Que endoideceu o meu Orfeu! Me leva
Deus... (*muda de tom*) Não, não quero mais saber de Deus!
Que Deus é esse que apagou assim
O espírito de Orfeu? Não quero Deus!
Deus de mentira, Deus de inveja, Deus...

Uma crise de pranto a interrompe.

UM HOMEM (*fora*)

Credo! Que horror!

UMA MULHER (*benzendo-se*)

                        Virgem Nossa Senhora!
Pobre dessa mulher!

UMA SEGUNDA MULHER

                        Alguém devia
Fazer alguma coisa...

UMA TERCEIRA MULHER

                        É, é preciso
Chamar um médico...

UM SEGUNDO HOMEM

                        É? Tem cada uma...
Médico, aqui no morro...

> Dirige-se em tom zombeteiro a um outro homem.

Eh, você...
Pega no Cadillac e chama o médico.

O OUTRO HOMEM (*sério*)

Acho-te uma gracinha...

O SEGUNDO HOMEM

Uai, por quê?
Foi a mulher que mandou...

A MULHER

Deus me defenda!
Nem se respeita mais a dor alheia.
Quando Orfeu tava bom não era assim
Esse morro era feliz.

UM VELHO (*balançando a cabeça*)

Ah, isso era!
Com Orfeu esse morro era outra coisa.
Havia paz. A música de Orfeu
Tinha um poder a bem dizer divino...

UM OUTRO VELHO

É mesmo. E endoideceu. Pobre menino...

> Dentro do barracão recrudesce o choro de Clio. Do lance de degraus, surgem algumas mulheres com latas d'água na cabeça, que se misturam aos circunstantes a comentar a cena *ad lib*. Apolo surge à porta.

APOLO

Não sei mais o que faça. São três dias
Desse martírio... Minha pobre velha!
Assim ela endoidece igual ao filho...

CLIO (*de dentro*)

Ah, quem me traz o meu Orfeu de volta
Ah, quem me traz...

APOLO

Meu Deus, que coisa horrível!
Por que é que nesse mundo não tem paz?
Por que tanta paixão?

CLIO (*chorando*)
>Não posso mais!
Me matem, por favor...

APOLO (*aos circunstantes*)
>Vocês aí...
Por favor, minha gente... — qualquer coisa...
Pela estima que tinham ao meu Orfeu
Me façam qualquer coisa...

>Entra enxugando lágrimas. Comentários *ad lib.*

UMA MULHER
>Que tragédia!
Nem eu não posso mais. Isso há três dias!
Essa mulher não agüenta. É necessário
Que vá alguém lá embaixo ver se traz
Um socorro qualquer...

UM HOMEM
>Uma ambulância!
Tem o posto da praça. Eu dou um pulo.

UMA VELHA
Vai depressa, meu filho. E Deus te guie.

>O homem desce correndo. Por um momento faz-se um grande silêncio no grupo.

UMA MULHER
E Orfeu, onde andará?

UMA OUTRA MULHER
>Anda vagando.
Passa os dias doidando pelo morro...
Meu filho ainda outro dia topou ele
Diz que é impressionante. Ocês conhecem
Meu garoto, não é? Não é medroso.
Pois bem: voltou tão impressionado
Que foi preciso fazer reza nele
Pra passar...

>Faz-se um círculo à sua volta. Comentários *ad lib.*

UMA TERCEIRA MULHER
Ih, menina!

UMA QUARTA MULHER

                    Como foi?

A PRIMEIRA MULHER

    Foi assim: meu garoto vinha vindo
    Da banca de engraxate (vocês sabem
    Como ele, de levado, sobe o morro
    Lá pela ribanceira...). Muito bem.
    Vinha assim vindo. Estava escurecendo
    Quando ele entrou na mata. De repente
    Vê uma aparição! Esfrega os olhos:
    Não, era Orfeu! Orfeu todo de branco
    Como anda sempre, violão no peito
    Braços abertos, boca com um sorriso
    Como esperando alguém, alguém que veio
    Porque ele olha pro lado de repente
    Abre os braços assim e sai correndo
    Vai embora. Meu filho segue ele
    Mas Orfeu se escondeu quem sabe onde...
    Pobrezinho. Tal qual alma penada...
    Talvez pior, que está penando em vida!

                    Comentários *ad lib.*

A SEGUNDA MULHER

    E nunca mais ninguém ouviu um som
    Sair do violão...

A TERCEIRA MULHER

                É. Não tá certo.
    Desandou tudo nesse morro. Tudo.
    Quanta briga, meu Deus, que tem saído
    Quanta gente mudando pra outros morros
    Foi mau-olhado, foi...

A QUARTA MULHER

                Cala essa boca!
    Não chama mais desgraça, criatura
    Eu por mim vou-me embora. Aqui não fico.

                    Comentários *ad lib.*

· A PRIMEIRA MULHER

    E Mira, ocê já viu? Tá doida, Mira...
    Doida varrida, Mira... Diz que fica

Lá na Tendinha, Mira e mais aquelas
Outras rameiras que tem lá por cima
Fazendo toda a sorte de estrupício
Dizendo cada nome e enchendo a cara
Fazendo bruxaria noite adentro
E falando que foi por causa dela
Que Aristeu, o criador de abelhas
Esfaqueou Eurídice, e que Orfeu
Está maluco assim por causa dela
Não por causa de Eurídice... Ora veja!
Ninguém não quer passar mais lá por perto...
E com toda a razão. Eh, mundo louco!

UM HOMEM

E lembrar desse morro há uma semana...
Nem parecia um morro da cidade!
Uma calma, um prazer, uma harmonia
Quanto samba de Orfeu de boca em boca
Quanta festa com Orfeu sempre presente
Quanta falta de briga...

              Comentários *ad lib*.

UM OUTRO HOMEM

              Eu que o diga!...
Foi Orfeu quem mudou a minha vida
Devo o que sou a ele. Antigamente
Era só valentia, briga à-toa
Té que ele veio e conversou comigo.
Orfeu não era um homem, era um anjo...
Agora digam: vale a pena?... Qual!
Mulher é perdição...

UMA OUTRA MULHER

E não faltava nada pra ninguém.
Qualquer necessidade, não sei como
Orfeu sabia e logo aparecia
Um dinheirinho — tudo samba dele...
Uma tristeza em casa? uma quizília?
Ele vinha, mexia, se virava
Sapecava um sambinha de improviso
Brincava... Um anjo! Tinha pés de santo...

Uma mulher põe-se a chorar e sai correndo da cena.

A SEGUNDA MULHER

Tadinha. Era tarada por Orfeu.
Foi namorada dele antes de Eurídice
Nunca mais esqueceu...

Ouve-se distante a sirene de uma ambulância que pouco depois cessa. Logo em seguida entram os ruídos longínquos de um batuque batido sobre caixas e latas. Esses ruídos devem se aproximar progressivamente durante as cenas que seguem.

A PRIMEIRA MULHER

É a ambulância!

Corre ao barracão e grita da porta.

Eh, seu Apolo. Eu acho que é a ambulância...

APOLO (*aparecendo à porta*)

Coitada. Tá que é um trapo. Mas não dorme.
Chora sempre correndo do olho aberto
A mão no coração.

A PRIMEIRA MULHER

Avisa ela
Que é pra depois não dar alteração...

APOLO

Obrigado.

Entra. O som do batuque que sobe faz-se cada vez mais próximo. Surge, esfalfado, o homem que desceu para chamar a ambulância, acompanhado de um outro. Trazem com eles uma maca.

O HOMEM

Tá pronto, minha gente!
Trouxe a maca. A ambulância está embaixo
Que caras mais folgados... Adivinha
O que disse o doutor?... "Vocês são fortes
Subam e tragam a mulher que eu espero embaixo
E depressa que eu tenho um caso urgente
Me esperando..."

UM OUTRO HOMEM

Essa sopa vai acabar...

Ouve-se dentro do barracão um grito desesperado de Clio.

CLIO

    Não! Eu não quero ir! Me deixem em paz!
    Eu quero o meu Orfeu! Cadê meu filho?
    Onde está ele? Apolo, eu quero ele!

APOLO

    Tá bem, minha filha. Fica sossegada.
    Foi Orfeu quem mandou buscar você
    Tá te esperando. Vem.

CLIO

                Mentira tua!
    Isso é mentira tua! Ah, Deus do céu
    Por que sofrer assim?

APOLO (*surgindo à porta*)

                Vocês aí...
    Me ajudem por favor...

> Dois homens adiantam-se e entram no barracão. Ouvem-se de início murmúrios, depois berros seguidos de ruídos de luta e coisas quebradas. Em seguida Clio surge à porta esfrangalhada. Seu aspecto é terrível.

CLIO

                Por caridade!
    Não me levem daqui! Ah, não me levem
    De junto de meu filho. Eu quero ele
    Doido mesmo, é meu filho, é meu Orfeu
    Por caridade, vão buscar meu filho
    Vocês sabem, Orfeu da Conceição
    Sujeito grande, violão no peito
    Tá sempre por aí... Vocês conhecem
    É o meu Orfeu... Dizem que endoideceu
    Mas é mentira, eu sei. Orfeu é músico
    Sua música é vida. Sem Orfeu
    Não há vida. Orfeu é a sentinela
    Do morro, é a paz do morro, Orfeu. Sem ele
    Não há paz, não há nada, só o que há
    É uma mãe desgraçada, uma mãe triste
    Com o coração em sangue. E tudo isso
    Por causa de uma suja descarada
    Uma negrinha que nem graça tinha
    Uma mulher que não valia nada! (*subitamente possessa*)

Descarada! Ah, nasce de novo, nasce
Pra eu te plantar as unhas nessa cara
Pra eu te arrancar os olhos com esses dedos
Pra eu te cobrir o corpo de facada! (*muda de repente de tom*)
Não, ela não morreu! Meu Deus, não deixa!
Eu quero ela pra mim, eu quero Eurídice
Só um instantinho eu quero ela pra mim!
Eu juro que depois fico boazinha
Prometo, Deus do céu! Não quero nada
Só quero que me levem à cova dela
Que é pra eu cavar dentro daquela terra
Desenterrar o corpo da rameira
Ver ela podre, toda desmanchada
Cheia de bicho...

APOLO (*corre para ela*)

Chega, Clio! Chega!

CLIO (*sacudindo-o longe*)

Ah, chega! Ah, chega! Até você, Apolo
Defendendo a rameira...

> Voa contra ele tentando agatanhá-lo. Vários homens correm em socorro de Apolo e dominam Clio. Ela luta furiosamente até que, exausta, se abate.

APOLO

Pronto. Agora
Ponham ela na maca. E vamo' embora.

> Nesse momento entra em cena o pessoal do batuque, cujo ritmo deve vir se aproximando ao longo das cenas anteriores. É um grupo de meninos engraxates, e batem com as escovas em suas caixas e latas. Não dão muita atenção ao que se passa e vão se acomodar a um canto, sem parar de bater, enquanto os circunstantes arrumam Clio na maca.

UM MENINO (*cantando*)

Paz, muita paz!
Paz, muita paz!
Que falta nesse mundo que ela faz, rapaz...

SEGUNDO MENINO (*que parece o chefe do bando*)

Não, essa não. Vamos cantar aquela
Outra de Orfeu, aquela que ele deu
Pra mim...

TERCEIRO MENINO

    Você enche com esse teu sambinha...

SEGUNDO MENINO

    Tás aí pra isso, tás? Vá! Taca peito.

>O batuque entra, os meninos batendo nas caixas, enquanto o outro grupo começa a se movimentar, acompanhando a maca que transporta Clio. Ao mesmo tempo se inicia em voz baixa, que à medida vai crescendo, uma salve-rainha rezada pelas mulheres. Aos poucos, com a progressão da reza, as pessoas que restam começam a se ajoelhar, enquanto a oração prossegue em meio ao batuque e às imprecações distantes de Clio. Os meninos cantam "Eu e o meu amor".

OS MENINOS

> *Eu e o meu amor*
> *E o meu amor*
>
> *Que foi-se embora*
> *Me deixando tanta dor*
> *Tanta tristeza*
> *No meu pobre coração*
> *Que até jurou*
> *Não me deixar*
> *E foi-se embora*
> *Para nunca mais voltar...*
> *Lá-rá-rá-rá-lá*   } *bis*
> *Lá-rá-ri-lá-rá-rá-rá*

>Repetem o samba cada vez mais com mais gosto, ao sabor do batuque. A reza prossegue, enquanto alguns homens e mulheres remanescentes saem com ar triste. De longe chegam gritos bêbados de mulheres, gargalhadas perdidas, ecos melancólicos de uma orgia a se processar em algum lugar no morro. A noite cai rapidamente. Ao se acenderem as luzes da cidade ao longe, a cena escurece, surgindo logo após o plano da Tendinha.

PLANO DA TENDINHA

Um pequeno bosque no alto do morro, de árvores esparsas, solitárias. Noite de lua cheia. Um barracão com uma tabuleta: "Tendinha". Ruído de conversas e gargalhadas de homens e mulheres no interior, com trechos ocasionais do samba anterior cantados agudamente. Algumas mulheres bêbadas saem para o terreiro em frente, entre as quais Mira.

MIRA (*trocando as pernas, subitamente explode*)

    Pára esse samba, pára esse negócio
    Senão eu corto os cornos dum!

O samba, no interior da Tendinha, continua, Mira põe as mãos nos ouvidos e de repente investe, porta adentro, e faz parar o samba, em meio à agitação geral.

UMA MULHER (*bêbada*)

                Que folga!
Que é que tu tás pensando aí, hein, Mira?
Manera, Mira... (*aos circunstantes*) Vamos com esse samba
Pessoal! Tem umas caras que não quer
Mas tem outras que quer... Então, que é isso?
Quem é que manda aqui: é homem ou Mira?

MIRA

Vai-te, tu sabes muito bem pra onde...
Põe banca não, perua, que eu te manjo...
Tu não dás nem pra saída.

A MULHER (*desdenhosa*)

Tirei de letra... Vai encher outro, Mira...
Se tu fosses mulher como eu, Orfeu
Não te largava igual que te largou
Pior que um pano de cozinha. (*ri histérica*) Eu, não!
Orfeu ficou comigo uma semana:
Eu, a bacana!

MIRA (*as mãos nos quadris*)

      Tu? Muito bacana...
Bacana como casca de banana...
Bacana como fundo de bueiro...
Bacana como a sola do meu pé...
Assim é que tu é: muito bacana!

A MULHER (*ameaçadora*)

Te güenta, Mira...

MIRA (*fazendo dois passos para ela*)

Güenta você, mulher!

          Investe sobre ela e as duas se atracam. Logo acorrem homens e mulheres da Tendinha, que as separam.

A MULHER (*debatendo-se*)

Deixa essa cara vir, deixa ela vir...
Vem, Mira! Pode vir!

MIRA (*soltando-se dos que a seguram*)
>Dá até pra rir...

>Os circunstantes carregam a mulher e algumas companheiras de Mira cercam-na. Dentro em pouco, o ambiente dentro da Tendinha parece se ter restabelecido e logo se ouve um novo samba, seguido de cantos e gargalhadas gerais.

TODOS (*em coro cantam "Lamento do morro"*)
>*Não posso esquecer*
>*O teu olhar*
>*Longe dos olhos meus...*
>*Ai, o meu viver*
>*É te esperar*
>*Pra te dizer adeus...*
>*Mulher amada!*
>*Destino meu!*
>*É madrugada*
>*Sereno dos meus olhos já correu...*

UMA MULHER
>Deixa isso pra lá, Mira...

MIRA
>É. Não tem nada...
Eu quero é encher a cara!

OUTRA MULHER
>Tou nessa, hein, Mira...

O HOMEM
>Com'é, Mira? Eles tão te reclamando...
Seja legal e vem fazer as pazes...
Vamos beber e cantar samba, Mira
Que a morte é certa...

MIRA (*subitamente grave*)
>É mesmo. A morte é certa...
É a única coisa certa nesse mundo.

>Volta-se e subitamente corre para a Tendinha, seguida das outras. Em breve, os ruídos, as conversas, as exclamações indicam que as duas mulheres fizeram as pazes e o ambiente de farra se retomou. Logo depois, alguém começa a tocar um chorinho macio ao cavaquinho. Ato contínuo, entra em cena Orfeu. Vem cauteloso, por entre as árvores, olhando para o alto com um ar perdido. Traz o violão consigo.

ORFEU (*a voz surda, como a pedir silêncio*)
    Ainda é cedo demais, amiga. A lua
    Está dando de mamar pras estrelinhas...
    Toma o teu tempo. Quando for a hora
    Desce do céu, amor, toda de branco
    Como a lua. O mundo é todo leite
    Leite da lua, e a lua és tu, Eurídice...
    Chega de leve pelo espaço; desce
    Por um fio de luz da lua cheia
    Vem, ilusão serena, coisa mansa
    Vem com teus braços abraçar o mundo
    O mundo que sou eu, que não sou nada
    Sem Eurídice... Vem. Baixa de manso
    Surge, desponta, desencanta, explode
    Como uma flor-da-noite, minha amada...
    Aqui ninguém nos vê. Esses que gritam
    Não vêem, não sabem ver. São todos cegos.
    Cego só não sou eu que te respiro
    Em cada aroma e te sinto em cada aragem
    Cego só não sou eu que te descubro
    Em cada coisa e te ouço em cada ruído
    Cego só não sou eu que te recebo
    Do mais fundo da noite, ó minha amiga
    Minha amiga sem fim! quanto silêncio
    Nos teus passos noturnos desfolhando
    Estrelas! que milagre de poesia
    Em tua ausência só minha! quanta música
    Nesse teu longo despertar na treva!
    Ah, deixa-me gozar toda a beleza
    Do momento anterior à tua vinda...
    Espera ainda, espera, que o segredo
    O segredo de tudo está no instante
    Que te precede quando vens. Escuta
    Amada... Onde é que estás que não te vejo
    Ainda? e sinto já na noite alta
    O tato de teus seios? Onde pousas
    Anjo fiel, com tuas asas brancas
    A fremir sobre as copas? Ah, sim, te vejo
    Agora... Está ali... Por que tão triste
    Minha Eurídice? Quem magoou a minha Eurídice?

Não, não fiques assim... Por que não falas?
Meu amor, me responde! Minha Eurídice
Banhada em sangue?! Não!

> Nesse momento chega um homem à porta da Tendinha e logo depois aparece Mira. Vem muito bêbada e meio descomposta. Um grupo de mulheres no mesmo estado a acompanha, assim como uns poucos homens; mas estes, à vista de Orfeu, retraem-se com respeito.

MIRA (*alto, mostrando Orfeu*)

       É este o cara
De quem tavam falando?

UM HOMEM

       Deixa ele
Mira...

> Mira desvencilha-se dele com um sacolejão. Em vista disso o homem dá de ombros, faz um sinal aos outros e vão saindo todos devagar.

UM SEGUNDO HOMEM

Bom, minha gente, vam'a vida. É hora
De pegar uma boa berçolina.
Vam'bora, pessoal...

UM TERCEIRO HOMEM

       Vam'embora, Mira.
Deixa o homem em paz! (*saem*)

MIRA

       Deixa o homem em paz... Tá boa...
Tá assim por minha causa... louco, louco...

UMA MULHER (*em tom zombeteiro*)

Ah, é? Passa amanhã...

UMA SEGUNDA MULHER (*em tom mais zombeteiro ainda*)

É mesmo, Mira?

> As duas caem na gargalhada, logo acompanhadas pelas outras. À base dessas brincadeiras, as mulheres, bêbadas, dão-se trancos, dançam passos de samba e brincam de capoeira. Mas o ambiente é tenso e ameaçador.

MIRA (*furiosa*)

Ah, ninguém me acredita... Suas negras!
Pois já vão ver...

> Chega-se a Orfeu e sacode-o brutalmente. O músico, que desde o início da cena não parecera dar pelas mulheres, sai do seu transe e olha Mira. A mulher sacode-o, depois num gesto arrebatado colhe-o pela cabeça e beija-o sobre a boca. Em meio a esse beijo, Orfeu, desperto, atira-a longe. Mira rola por cima das outras, e algumas caem.

ORFEU (*alucinado*)
                   Pra fora, suas cadelas!
Pra fora, senão eu...

> Suspende o punho fechado ameaçadoramente, mas em meio ao gesto parece novamente perder-se. Olha para o alto, atônito, e depois chama baixinho.

ORFEU
    Visão... Visão...

> As mulheres, como possessas, açuladas por Mira, atiram-se sobre ele, com facas e navalhas. Como um Laocoonte, Orfeu luta para desvencilhar-se da penca humana que o massacra. Depois, conseguindo libertar-se por um momento, foge coberto de sangue, com as mulheres no seu encalço.

PLANO FINAL

O local do barracão de Orfeu. Tudo vazio. Luar intenso.

ORFEU (*chega correndo, coberto de sangue*)
    Eurídice! Eurídice! Eurídice! (*cai*)

> A Dama Negra surge da sombra.

A DAMA NEGRA (*falando com a voz de Eurídice*)
    Aqui estou, meu Orfeu. Mais um segundo
    E tu serás eternamente meu.

ORFEU (*prostrado*)
    Me leva, meu amor...

> As mulheres entram correndo, esfarrapadas e cobertas de sangue, como fúrias. Ao verem Orfeu caído, precipitam-se sobre ele e cortam-no louca, selvagemente. Depois dessa carnificina, Mira levanta-se de entre as outras mulheres. Traz na mão o violão de Orfeu. Num ímpeto, arremessa-o longe, por cima da amurada. Ouve-se bater o instrumento, num som monstruoso. Mas logo depois uma música trêmula incute, misteriosa e incerta. Apavoradas, as mulheres fogem. A Dama Negra aproxima-se do corpo, envolve-o com seu longo manto, enquanto a música de Orfeu se afirma, límpida e pura. A figura da Dama Negra cobrindo o cadáver de Orfeu com seu manto pouco a pouco esvanece. Entra o Coro.

CORO

    Juntaram-se a Mulher, a Morte, a Lua
    Para matar Orfeu, com tanta sorte
    Que mataram Orfeu, a alma da rua
    Orfeu, o generoso, Orfeu, o forte.
    Porém as três não sabem de uma coisa:
    Para matar Orfeu não basta a Morte.
    Tudo morre que nasce e que viveu
    Só não morre no mundo a voz de Orfeu.

CORTINA

Niterói, 1942
Los Angeles, 1948
Rio, 1953
Versão final para edição:
Paris, 19 de outubro de 1955

A primeira encenação desta peça deu-se no Teatro Municipal do Rio de Janeiro de 25 a 30 de setembro de 1956. Eis a ficha técnica do espetáculo:

UMA PRODUÇÃO DE VINICIUS DE MORAES
ORFEU DA CONCEIÇÃO
Tragédia carioca
DE VINICIUS DE MORAES
EM TRÊS ATOS
Direção LEO JUSI

Cenário OSCAR NIEMEYER
Figurinos LILA DE MORAES
Consultor plástico da produção CARLOS SCLIAR

Música ANTÔNIO CARLOS JOBIM
Coreografia LINA DE LUCA
Assistente de direção SANIN CHERQUES

Orquestra sinfônica sob a regência do maestro LEO PERACCHI

Violão LUIZ BONFÁ
Chefe do coro JOSÉ DELFINO FILHO (ZEZINHO)

Ao piano ANTÔNIO CARLOS JOBIM
Ritmistas sob a direção de JOÃO BAPTISTA STOCKLER (JUCA)

Elenco por ordem de entrada em cena

Corifeu	WALDIR MAIA
Coro	CLEMENTINO LUIZ
	ADEMAR FERREIRA DA SILVA
	JONALDO FELIX
	LUIZ GONZAGA (Teatro Experimental do Negro)
	WALDEMAR CORREA (TEN)
Clio, a mãe de Orfeu	ZENY PEREIRA
Apolo, o pai de Orfeu	CIRO MONTEIRO
Orfeu da Conceição	HAROLDO COSTA
Eurídice	DAISY PAIVA
Mira de tal	LEA GARCIA (TEN)
Aristeu	ABDIAS DO NASCIMENTO (TEN)
A Dama Negra	FRANCISCA DE QUEIROZ
Plutão, presidente dos Maiorais do Inferno	ADALBERTO SILVA
Prosérpina, sua rainha	PÉROLA NEGRA
Corpo de baile dos Maiorais do Inferno	MILKA (TEN)

	GLÓRIA MOREIRA
	CISNE BRANCO
	MALU (TEN)
	AMOA
	BABY
	CÉLIA ROSANA
	ILZETE SANTOS
	NILCE DE CASTRO
Passistas dos Maiorais do Inferno	ROBERTO RODRIGUES
	MILTON DE SOUZA
	CESAR ROMERO
O Cérbero, leão-de-chácara dos Maiorais do Inferno	CLEMENTINO LUIZ
Mulheres do morro	AMÁLIA PAIVA
	JACYRA COSTA
	GUIOMAR FERREIRA (TEN)
Garotos engraxates	PAULO MATOSINHO
	DECIO RIBEIRO PAIVA
	HUGO DA COSTA MOTA
As Fúrias	MILKA
	GLÓRIA MOREIRA
	MALU
	CISNE BRANCO
	NILCE CASTRO
Homens da Tendinha	GERALDO FERNANDES (TEN)
	JAIME FERREIRA (TEN)

Montagem JOSÉ GONÇALVES
Equipe de iluminação ALFREDO JOSÉ DE CARVALHO e HAROLDO CASQUILHO
Figurinos executados por DULCE LOUZADA
Cabeleiras executadas por MOTEL FISZPAN
Máscaras executadas por GUIMARÃES
Contra-regra JORGE DE CARVALHO

Produção F. GONÇALVES DE OLIVEIRA e NORMAN BRUCE ESQUERDO
Fotos de JOSÉ MEDEIROS
Os sambas da peça são de ANTÔNIO CARLOS JOBIM e VINICIUS DE MORAES

Fizeram cartazes para a produção os seguintes artistas:

CARLOS SCLIAR
DJANIRA
RAIMUNDO NOGUEIRA
LUIZ VENTURA

VINICIUS DE MORAES
PEDE PARA FAZER O SEGUINTE
COMUNICADO AOS ARTISTAS

Infelizmente, estando há quatro dias doente em casa, não me tem sido possível atender pessoalmente às sessões de *Orfeu da Conceição*. Foi, pois, com a maior surpresa que recebi do secretário da produção uma telefonada segundo a qual as bailarinas, os passistas e os elementos do coro haveriam anunciado ao diretor e ator Waldir Maia sua intenção de não vir trabalhar na próxima terça-feira caso não recebessem integralmente a última quinzena de outubro, a que têm pleno direito.

Quero lembrar a esses elementos, principalmente às bailarinas, que a peça *Orfeu da Conceição* não foi montada à base de palavras gordas como direitos e deveres, e sim num movimento de entusiasmo e idealismo, à frente do qual estiveram comigo, desde o princípio, desde o início, o ator Haroldo Costa, depois o diretor Leo Jusi e o ator Abdias do Nascimento. Os dois últimos viviam me dizendo o quão importante era para o negro brasileiro a montagem de *Orfeu da Conceição*, e em mais de uma ocasião deram-me a entender que trabalhariam de graça, se necessário fosse, para que essa peça, que eles consideravam da maior importância para o teatro brasileiro, e para a dignificação do negro no Brasil, fosse montada e fizesse uma carreira brilhante no Brasil. É do conhecimento de todos em que deu o idealismo de ambos.

Com um enorme prejuízo para a minha carreira, sem falar nas responsabilidades financeiras que assumi, que sobem a mais de mil e duzentos contos, e que terão de ser pagas com o meu trabalho, não hesitei em montar a peça, levando pela primeira vez ao palco do Teatro Municipal, graças exclusivamente ao prestígio do meu nome, um elenco totalmente negro, sem poupar quaisquer despesas, e dando a todos os elementos do elenco uma publicidade que, não fossem meus conhecimentos junto à imprensa, não haveria dinheiro que pagasse. Creio que dificilmente um empresário pode ter sido mais amigo de seus artistas do que eu. Naquela ocasião o dinheiro era contado, mas sempre o havia. E fora do dinheiro do financiador, apliquei eu próprio a maior parte do meu salário, todos os meses, para que nada faltasse à Companhia.

Num momento em que, por circunstâncias adversas que são do conhecimento de todos, a renda da apresentação no República não atinge nem de longe aos gastos feitos, e em que se tem de fazer diariamente uma conta de chegar, a fim de atender a compromissos que ainda vêm do Municipal, e não foram pagos; num momento em que seria preciso de cada um e de todos um espírito de equipe e de sacrifício para levar o barco a bom termo, pelo menos moralmente, nesse momento é que recebo um recado desses. Considero-o como uma falta de espírito de solidariedade e sobretudo como uma ingratidão pessoal. Quero aqui me referir particularmente às bailarinas.

Considero uma fraqueza não levar *Orfeu da Conceição* até o final da temporada, embora saiba que terei de trabalhar anos a fio para saldar todos os compromissos que ela me vai deixar. Pretendia fechá-la definitivamente dia 11, e assumir perante cada um a responsabilidade do que lhes devo. A temporada do República não deixa nenhuma disponibilidade para ir para outro teatro, ou mudar para São Paulo. O recado que me chega, no entanto, só me deixa uma alternativa: colocar o problema diante dos atores, e de todo o pessoal da secretaria e da direção, para que eles opinem. Fica claro que os pagamentos, até o dia 11, só poderão ser feitos parceladamente, e que é assim mesmo possível que não possam ser integralmente cobertos — isso embora esteja sendo dada prioridade absoluta ao pagamento dos atores. Elementos da peça como João Baptista Stockler, o nosso Juca, não foram sequer pagos pelo seu trabalho no Municipal — de tal modo tem a Companhia procurado atender, antes de tudo, ao pagamento dos atores. Nenhum dos elementos da secretaria e da direção recebeu um vintém, conscientes dessa mesma responsabilidade. Luiz Bonfá, certamente com grande prejuízo para ele, pois trabalho não lhe falta, está cooperando à base do futuro: e o futuro, no caso, chama-se Vinicius de Moraes.

Deixo, pois, a resolução desse impasse à consciência de cada um, estranhando profundamente o gesto de que tive conhecimento. Sei que todos precisam de dinheiro. Mas sei também que abandonar o barco neste momento é dar armas ao falsos homens de teatro no Brasil e aos detratores do homem de cor brasileiro e da sua capacidade de ser civilizado. E assim fica dito.

MINHA EXPERIÊNCIA TEATRAL*

Embora eu seja naturalmente avesso a escrever diários, hoje me arrependo de não tê-lo feito no caso de *Orfeu da Conceição*. Um diário da produção ter-me-ia permitido registrar situações e fatos ocorridos no decorrer dos trabalhos de planificação e ensaio da peça, aos quais não faltou um interesse a bem dizer romanesco.

Agora infelizmente é tarde para fazê-lo. Fica, pois, toda essa rica e fecunda experiência humana e artística (que para mim o foi) limitada a estas anotações reflexas — a memória do "feliz autor" quem sabe ensombrecida pela do empresário malogrado, que ambos fui, em toda a plenitude.

Fazendo agora minhas contas, para efeito de um balanço final de meus prejuízos pessoais com a peça, vejo que nela perdi mil e duzentos contos de dívidas contraídas, mais cerca de quatro mil dólares que deixei de perceber por haver queimado toda a minha licença-prêmio na aventura de encená-la. De fato, na minha qualidade de diplomata em posto em Paris, não me restou outra alternativa para ficar no Brasil senão recorrer a esses seis meses integrais de férias remuneradas a que todo servidor público tem direito depois de dez anos de trabalho. Só que — e ninguém há de nunca saber bem por quê — o fato de passá-las o servidor no seu próprio país reduz essa remuneração a mais ou menos a metade. O que equivale a dizer que perdi aí por volta de mil e quinhentos contos com o indiscutível sucesso de minha peça *Orfeu da Conceição*.

Ajuda dos poderes públicos não tive nenhuma. E não por má vontade desses poderes. Um pedido de subvenção feito ao Ministério da

(*) Texto inédito, que ficou inconcluso, cujo título foi dado pelo autor. (N. O.)

Educação, que o encaminhou ao Serviço Nacional de Teatro, encontrou o pote já totalmente raspado pelas outras companhias. Um outro pedido de cessão do Teatro João Caetano, feito à Prefeitura, embora tivesse encontrado a maior boa vontade por parte do embaixador Negrão de Lima, esbarrou com os interesses do mágico Kalanag que, depois de um mês de casas fracas, começou a melhorar justamente no período em que o teatro me devia ser entregue. Uma temporada em São Paulo, que me teria salvado, tornou-se impossível devido à inexistência de um teatro estável, onde a peça pudesse permanecer e cumprir uma temporada normal. Em São Paulo particularmente a cooperação encontrada foi inexcedível. O governador Jânio Quadros prometeu-me pessoalmente autorizar uma subvenção de duzentos contos, caso a Comissão de Teatro estivesse de acordo com o pedido. Sérgio Cardoso dispôs-se a encurtar de alguns dias sua temporada, a fim de que eu pudesse contar, por umas três semanas, com seu excelente teatro, o Bela Vista. Amigos meus, com Luís Lopes Coelho à frente, ofereceram-se para levantar-me, em cotas, o capital necessário ao aluguel do Bela Vista pelo período proposto. O prefeito Toledo Piza colocou o Teatro Municipal à minha disposição pelo tempo que se fizesse necessário. A cobertura de imprensa que tive, especialmente por parte de Flávio Porto e Matos Pacheco, não poderia ter sido mais estimulante.

Contra tudo colocaram-se imponderáveis decisivos. A temporada no Bela Vista era curta demais, considerada a fraca rentabilidade do mês de dezembro, sobretudo na semana de Natal e Ano Bom, e a obrigação de entregar o teatro no dia 4 de janeiro último, para a montagem da peça de Abílio Pereira de Almeida. O Municipal só me poderia ser dado sem solução de continuidade, um pouco tarde demais — e montar a peça no Municipal por mais de duas semanas, sem outro teatro à disposição imediatamente em seguida, seria uma loucura. A experiência no Rio provara-me — apesar de *Orfeu da Conceição* ter batido todos os recordes de bilheteria, em uma semana, do teatro brasileiro — não ser ela o gênero de peça (custo da orquestra de quase quatrocentos contos por semana, folha alta de pagamento dos artistas, realizadores, pessoal de montagem etc. que elevou a despesa, no Municipal, em uma semana, a novecentos contos contra uma receita de oitocentos e sessenta contos) capaz de se manter por mais de duas semanas em casas com a cubagem do Municipal. *Orfeu da Conceição* pede, pelo seu elevado custo de produção e tamanho do elenco, um teatro grande (por volta de mil lugares) que possa atrair todas as classes e por um período de dois a três meses no mínimo. A realidade é que o povo não vai ainda aos Teatros Municipais. Assusta-o um pouco o seu mau gosto grandiloqüente.

Contra tais imponderáveis não há boa vontade ou cooperação que valha. Tive de desistir de São Paulo. Muitas pessoas me acusaram de falta de planejamento e excesso de mão aberta, como empresário. É possível. Mas contra datas não há argumentos. A única semana de que eu dispunha no ano, para o Municipal, foi aquela em que a peça foi montada. E não tivesse eu assumido os riscos de passá-la para o República, apesar de ser o pior dos teatros grandes do Rio, o povo não a teria visto, pois não havia outra casa de espetáculos disponível na ocasião. Em resumo: não tivesse eu tido o peito de montar a peça, e ela ainda estaria na gaveta, como permaneceu durante muitos anos.

Minha avó paterna, d. Maria da Conceição de Melo Moraes, que era a seu modo uma sábia senhora, dizia-me sempre que "mais vale um gosto que três vinténs". No caso, os três vinténs ultrapassam de muito o meu gabarito normal. Meu teto, para dívidas, foi sempre de duzentos a trezentos contos no máximo, de acordo com a minha capacidade de produzir dinheiro. Ter "varado a barreira do som" assusta-me, de certo modo, pois não tenho outros recursos, que não os do meu trabalho, para pagar as dívidas contraídas.

Mas não há de ser nada. Pensando bem, se tivesse de fazer tudo de novo, eu o faria. O importante é fazer as coisas, ser um construtor. Não gostaria de começar a ser covarde aos quarenta e três anos. A verdade é que montei minha peça, levei ao Teatro Municipal um elenco totalmente negro, numa peça autenticamente brasileira, e joguei na fogueira, pois que estrearam, com *Orfeu da Conceição*, cinco elementos novos: o cenógrafo Oscar Niemeyer, o compositor Antônio Carlos Jobim, o violonista Luiz Bonfá, a coreógrafa Lina de Luca, e a figurinista Lila de Moraes, que vem a ser minha mulher e que ganhou com isto uma profissão menos cacete que a de dona de casa. Considero, pois, aquele milhão e meio de cruzeiros como muito bem empregados.

O que mais me atrai, em toda a aventura que foi para mim a realização de minha peça, é justamente o caráter por assim dizer "amador" com que foi feita. Esse caráter foi absolutamente mantido até o momento em que falsos pruridos profissionais, provenientes de uma natureza cuja mediocridade foi se revelando à medida, descentraram do núcleo criador da peça o diretor Jusi. Daí por diante a realização passou a ser antes um sofrimento que uma grande alegria, como vinha sendo. Pois a verdade é que a relação de um empresário, sobretudo quando este empresário é também o autor da peça, com os demais elementos que a compõem reveste-se de um caráter inelutavelmente paternal.

Porque a verdade é que os componentes de uma peça de teatro que mova, mesmo imperfeitamente como acredito seja o caso da minha, mas com sinceridade, as grandes forças da paixão humana, acabam por constituir, graças a essa associação obrigatória que busca uma perigosa e efêmera ligação do fictício ao humano, uma sociedade sui generis, construída em bases altamente emocionais, onde todos passam a viver um tom acima da pauta, e o trabalho de realizar obra tão fugaz, tão sem permanência física como é uma peça de teatro, adquire um caráter completamente obsessivo. E o autor-dublê de empresário, mais ainda que o diretor, é aquele para quem os olhos estão voltados, aquele a quem, à medida, os atores começam a emprestar um poder extraterreno, aquele investido da autoridade máxima capaz de resolver igualmente as dificuldades de bolso e as de temperamento, aquele para o qual se abrem todos os corações e sobre quem recaem todas as iras.

Do ponto de vista da criação da peça, num sentido ideal, *Orfeu da Conceição* foi sobretudo para mim o encontro de um texto com o seu verdadeiro cenário. Aliás dificilmente poderia ser de outro modo — e não apenas porque eu acredite que nada de ruim poderá jamais sair das mãos de Oscar Niemeyer, ou deixe-me influenciar pela amizade fraterna que lhe dedico há muitos anos. Não seria a primeira vez que experimento Oscar Niemeyer num gênero novo para ele. Em 1944, quando me foi confiada a direção do suplemento literário de *O Jornal* e criou-se a rubrica de "Arquitetura", foi naturalmente a Oscar que me dirigi, e confesso que nem sequer sabia se era capaz de redigir. Tinha, no entanto, tanta certeza de que o faria bem que nem por sombra esse pensamento me ocorreu. Isso porque Oscar Niemeyer é o antimedíocre, e o é sem se furtar à dialética da vida, sem tirar o corpo fora à injunção de não deixar sua criação apenas no papel mas de realizá-la com as imperfeições decorrentes de mil e um fatores exteriores que intervêm posteriormente na sua realização.

Logo que vi a maquete do cenário de Oscar Niemeyer, senti a generosidade de sua criação. Em lugar de uma interpretação individualista das rubricas que na peça sugerem o cenário, ateve-se ele mais à poesia do texto e, visando servi-la, levantou extraordinariamente o ambiente físico onde ela se devia desenrolar, contendo-lhe a ação, por si intensa e desgovernada, num jogo simples e extremamente harmonioso de duas rampas sinuosas, uma ascendente e outra fugindo, que tinham como módulo um disco central a configurar o platô onde se situava o barracão de Orfeu. Esse barracão, ele o sintetizou magistralmente, à maneira de um móbile, com dois elementos suspensos: um teto e uma moldura de janela, a metade da qual com a persiana baixada.

O ambiente sugerido, com jogar a ação contra o infinito, acrescentou de saída à peça uma dimensão nova. Sobre um cenário assim não importa que paixões, que tragédias, que violências poderiam ter lugar: elas estariam dignificadas em sua projeção contra o ciclorama atrás, a abrir espaços infinitos para a noite lunar. Num cenário assim os atores, mais do que atores no sentido stanislavskiano, seriam os portadores da palavra poética a enunciar um mundo de paixões à solta. E a peça seria o que deveria sempre ter sido, um oratório a discorrer na penumbra lunar da noite, com as personagens sem cara, em silhueta, a declamar surda, doce ou violentamente os seus maus desígnios, os seus amores, as suas cóleras.

[Vinicius inicia em seguida o elogio de um outro importante parceiro da sua peça, o compositor Antônio Carlos Jobim, que considerava um dos dois maiores riscos que tinha assumido, ao lado do diretor Leo Jusi. Mas o texto fica suspenso justamente no momento em que o autor argumenta a favor de um compositor popular.]

Quando se tratou de procurar um compositor para fazer os sambas da peça, e a música temática incidental requerida pelas rubricas, deparei-me com uma séria dificuldade. Não me parecia fosse o caso de pedi-la a um dos nossos mestres da composição erudita

1957

PROCURA-SE UMA ROSA

UMA EXPERIÊNCIA*

Este espetáculo é uma experiência dramática inteiramente inédita. Uma notícia de jornal foi entregue a três autores, para que cada qual escrevesse uma peça em um ato, dando sua interpretação pessoal daquele fato. Os autores escolhidos foram Pedro Bloch, Vinicius de Moraes e Glaucio Gill. E o espetáculo, à semelhança da nota publicada, tem por título *Procura-se uma rosa*. O texto da notícia que serviu de tema às três peças é o seguinte:

FATOS DA CIDADE

PROCURA-SE UMA ROSA

Estava na estação. Eram três horas da tarde. Com a companheira pelo braço, preparava-se para o momento de embarcar. Tinham chegado juntos, ficaram juntos todo o tempo e juntos iam embarcar. Passava gente por todos os lados. E então, de um segundo para outro, Rosa perdeu-se de seu braço. Não sabe explicar como. Só sabe que Rosa sumiu como se tivesse sumido dentro de si mesma. Esperou acabar o movimento. A estação ficou deserta. Mas Rosa não apareceu. Voltou para casa e de novo pôs-se a esperar. Mas Rosa não apareceu. Foi então ao distrito policial e comunicou a ocorrência. E agora Lino dos Santos está percorrendo os jornais para avisar que oferece uma gratificação a quem encontrar a sua Rosa. Qualquer informação pode ser enviada à redação deste jornal.

(*) Reproduzido do programa da peça. Título atribuído pelo organizador. (N. O.)

PROCURA-SE UMA ROSA*
Peça em um ato

PERSONAGENS POR ORDEM DE ENTRADA

Guarda nº 1 (177), negro, vinte e cinco anos
Investigador nº 1 (Canhoto), vinte e sete anos
Guarda nº 2 (150), vinte e três anos
Mulher nº 1, vinte e dois anos
Investigador nº 2, vinte e cinco anos
Comissário, trinta e cinco anos
Escrivão, quarenta e cinco anos
Repórter policial, trinta e três anos
Louca da curra, dezoito anos
Rapaz da Rosa, vinte e um anos
Mulher nº 2, negra, trinta e dois anos
Luzia, negra bêbada
Voz do delegado

TEMPO
O presente

CENÁRIO

Uma delegacia de polícia carioca, com toda a sua nudez e crueza. Entrada pela esquerda. O aposento em dois planos: à esquerda, a "recepção", com bancos sem encosto ao longo das paredes, e ao fundo um pequeno cubículo onde fica o escrivão. À direita, dentro de um engradado, a mesa do comissário. Na direita alta, ao fundo, uma porta que, ao se abrir, dá vista sobre um pequeno trecho

(*) Publicada por Edições Massao Ohno, Coleção Teatro, vol. 2, São Paulo, s.d. [1963]. O texto aqui estampado resultou da comparação entre o impresso e os originais conservados pelo autor. (N. O.)

sobre um pequeno trecho de xadrez. Na direita baixa, porta para o gabinete do delegado. Ambiente nu e desesperado, sem janelas. É o começo do crepúsculo, e as luzes ainda não foram acesas. Quando o pano levanta, uma cortina transparente, insinuando a rua fora, revela apenas a delegacia atrás, dentro da qual três figuras se movem irrealmente.

CORTINA

A LOUCA DA CURRA

Silêncio, silêncio
Que melancolia
Perdeu-se uma rosa
De dia, de dia.

Tristeza, tristeza
Que vida vazia
Perdeu-se uma rosa
Quem a encontraria?

Como era formosa
Que pele macia
Perdeu-se uma rosa
Morreu a poesia.

Ó rosa da aurora
Ó rosa do dia
Só a noite escura
Te receberia.

Se virem a rosa
Na sua agonia
Ó digam à bela
À rosa macia
Que a vida sem ela
Não tem alegria.

Abre-se a cortina quando a louca da curra acaba de sair. O interior da delegacia.

GUARDA N.º 1 (177)

É a louca da curra...

INVESTIGADOR N.º 1 (Canhoto)

Que chata! Não dá uma folga...

GUARDA N.º 2 (150)

Por que não põe ela na jaula?

> Alarido de mulheres no interior, no xadrez da delegacia. Impropérios.

INVESTIGADOR N.º 1

Como? Como se tem *trinta e onze* mulheres aí dentro? O delegado mandou ela pro hospital de Alienados, o diretor lá rebateu pro Engenho de Dentro, o de lá tirou de letra e ela veio mesmo foi dar com os costados por aqui. Sabe como é, né? Esse delegado é um banana mesmo, fica dando comida pra ela...

GUARDA N.º 2

Que é que ela fez?

INVESTIGADOR N.º 1

Você ainda não estava aí. Foi um negócio feio, rapaz. Ela propriamente não fez nada, os outros é que fizeram. Eu estava de plantão quando trouxeram ela e os três caras da curra. Menino, foi a primeira vez que eu vi esse homem aí (*aponta com o polegar para o gabinete do delegado*) ficar louco. Vocês sabem como ele é, cheio de maneirismos: "Na minha delegacia não se bate em ninguém..."; "Não se cura a violência com a própria violência...". E nhenhenhém. Pois, meu irmão, o homem se serviu. Um dos garotos, um massa, saiu do gabinete dele que nem te conto. A cara do cara parecia uma pasta de sangue.

GUARDA N.º 2

E aí?

INVESTIGADOR N.º 1

E aí, quando ela voltou a si, já não tinha nem si, nem dó, nem ré. Ela estava matusca, sabe como é? (*aponta para a cabeça*) Também os caras tinham feito *meséria* com ela. Tudinho, sabe como é. Tudo, tudo, tudo.

GUARDA N.º 1

Tudo?

INVESTIGADOR N.º 1 (*balançando a cabeça*)

Não ficou faltando nada.

GUARDA N.º 1

Eu ouvi dizer que mulher de curra vai pro céu.

GUARDA N? 2

Tu ouve cada bobagem... Francamente... Como é que pode ir pro céu se foi *desvirdisginizada*? Tu já viu mulher assim ir pro céu? Tu acha então que Nosso Senhor lá quer saber de rameira?

GUARDA N? 1

Pera aí, vamos com calma... Quem é que falou em rameira? Eu não falei em rameira... Eu falei em mulher que leva curra. São duas coisas muitíssimo diferentes. Rameira é uma coisa, mulher de curra é outra. Uma faz porque quer, a outra faz porque não quer. Morou?

GUARDA N? 2

Pois é. Casa com ela...

GUARDA N? 1

Quem falou em casar? Eu falei em casar? Eu não falei *absolutamentes* em casar. Casa você, uai! Eu só falei que ouvi dizer que mulher que leva curra vai pro céu. Só isso.

GUARDA N? 2

Pro céu... Logo pro céu... Você acha então, ó cara, que as onze mil virgens iam topar que uma mulher de curra ficasse circulando nas aragens delas? Você tem cada uma! Você nem parece um cara inteligente...

GUARDA N? 1 (*começando a se queimar*)

Não ofende não, hein... Vamos devagar, hein...

INVESTIGADOR N? 1

Vamos parar...

GUARDA N? 1

É esse cara aí, sempre de mas-mas...

INVESTIGADOR N? 1 (*levemente ameaçador*)

Vamos parar, já disse...

    O guarda n? 1 resmunga qualquer coisa e sai, mal-humorado. O guarda n? 2 põe-se a rir.

INVESTIGADOR N? 1

Você também é de morte... Não pára de cozinhar o outro. E ele ainda diz que você é o melhor amigo que ele tem...

GUARDA Nº 2

É. Nós somos amigos. Mas é que ele é um cara tão direito, mas tão direito, que às vezes dá vontade assim de dar um gozo nele. Pode essa mulher de curra ir pro céu, pode? Pois assim é ele. Não mora nos assuntos. Mas não há de ser nada... Ele é da minha cidade.

INVESTIGADOR Nº 1

É. Mas você ainda acaba servindo de bainha pro punhal dele.

GUARDA Nº 2

Não digo que sim. Mas também não digo que não. Nós somos amigos. Mas a gente pode brigar. Que é que se vai fazer... É a vida...

> A luz começa a fazer-se crepuscular. O guarda nº 2 sai. O investigador nº 1 espreguiça-se longamente. Ouve-se fora a voz da louca cantando um trecho da canção. O investigador nº 1 escuta, a cabeça meio baixa, como meditando. Depois dá um enorme bocejo e a canção se interrompe a meio. Entra uma mulher.

MULHER Nº 1

Vim dar uma queixa. O senhor é o comissário?

INVESTIGADOR Nº 1

Você me acha com cara de comissário?

MULHER Nº 1

Não, não acho não, senhor.

INVESTIGADOR Nº 1

E então, que conversa é essa?

MULHER Nº 1

É que eu queria ver o comissário para dar uma queixa.

INVESTIGADOR Nº 1

O comissário ainda não chegou. Desembucha.

MULHER Nº 1

É que eu vim dar uma queixa contra meu marido.

INVESTIGADOR Nº 1

Por quê?

MULHER Nº 1

Porque ele me bateu.

INVESTIGADOR N.º 1

Por que é que você não larga ele?

MULHER N.º 1 (*tímida*)

Porque ele é meu marido.

INVESTIGADOR N.º 1

Vocês são todas umas sem-vergonha. Vocês gostam mesmo é de entrar na peia. Qual, mulher não tem jeito... Mas então, se você não quer largar ele, pra que é que vem dar queixa?

MULHER N.º 1 (*meio choramingando*)

É porque ele me bateu muito. Me bateu muito. Eu estou cheia de marca. Até um pontapé ele me deu. Olhe aqui. (*levanta o vestido e mostra a coxa magra, com uma enorme mancha roxa*) Me bateu, me bateu, me bateu, até eu desmaiar. Depois ele se aproveita de mim, depois de me bater. Eu não agüento mais. Um dia eu mato ele!

INVESTIGADOR N.º 1

Mata nada. Eu te manjo. Você quer é movimento. Vai em frente. Imagina se eu vou chatear o comissário por causa de uma cascateira da tua marca... que gosta de apanhar do marido. Vai em frente, sua descarada! Some daqui senão eu te como no braço! Não quer mais apanhar, larga o homem, em lugar de vir aporrinhar. Some!

> A mulher chora um pranto aflito e, atemorizada, sai recuando de costas.

MULHER N.º 1

Mas ele é meu marido. Eu não posso largar ele...

INVESTIGADOR N.º 1 (*brutalmente*)

Some!

> A mulher vai saindo, a soluçar; depois seus soluços se transformam em estertores.

MULHER N.º 1 (*primeiro em cena, depois* off-stage)

Mas um dia, eu mato ele, ele vai ver. Um dia eu mato ele, ah, isso eu mato. Um dia ele vai ver, ele vai ver... (*sumindo*)

> Um relógio bate sete horas. O guarda n.º 2 entra e interna-se na delegacia, pela porta do xadrez, que deixa aberta. Ouve-se o alarido das mulheres e depois uma voz negra e aguda começa a cantar o samba "Volta".

VOZ DE MULHER (*cantando agudissimamente; a partir da segunda parte, um coro de mulheres participa do samba*)

Volta
Vem sentir o calor dos braços meus
Volta
Que é tristeza demais pra um coração
Volta, meu amor
Vem aninhar-te em meus braços
Morro de saudade
Dos teus lábios em flor
     — *amor!*

Solta
Do meu peito a canção mais comovida
Que
Tua ausência trancou dentro de mim
Volta, meu amor
Só com passagem de ida
Volta
Para sempre e sem fim
— Volta, meu amor
Mas volta por toda a vida
Volta
Inteirinho pra mim.

  Termina em tremenda batucada, as mulheres batendo em tudo, nas grades do xadrez, fazendo uma enorme algazarra. Súbito ouve-se um grito...

VOZ DE HOMEM (*off*)

— Silêncio!

  As vozes se calam. Depois se ouvem risadas perdidas, e uma aguda voz feminina, cínica, caçoa.

VOZ DE MULHER (*off*)

Ah, vem cá, neguinho, vem gritar aqui, vem, neguinho. Eu tou doida pra apanhar um homem. Vem, neguinho...

  O investigador n.º 1, sentado num dos bancos, enfia a cabeça entre as mãos com ar de profundo tédio. Cai um enorme silêncio dentro da delegacia, a ponto de se ouvir tiquetaquear o relógio na parede e o planger longínquo de buzinas de automóveis. Depois de um instante ouve-se uma descarga de latrina no interior da delegacia e pouco depois surge, abotoando a braguilha, o investigador n.º 2.

INVESTIGADOR N.º 2 (*bocejando*)
　　Comé? Nada?

INVESTIGADOR N.º 1 (*abanando, melancólico, a cabeça*)
　　Esse distrito está ficando de amargar. Que é que está se passando? Nunca se viu uma calma assim... Você não acha isso meio esquisito? Parece que fica tudo assim meio parado quando não há crime...

INVESTIGADOR N.º 2
　　Eu só faço dormir. Que programa! Mas não houve nada-nada?

INVESTIGADOR N.º 1 (*sarcástico*)
　　Teve um caso *muito interessante*. Uma palhaça que veio dar queixa do marido porque ele esquentou o couro dela. Eu nunca tinha ouvido falar de uma coisa assim, você já?

INVESTIGADOR N.º 2 (*com cara cômica de espanto*)
　　Eu nunca! Chego a ficar todo arrepiado... Mas isso é caso pra se chamar o comissário...

INVESTIGADOR N.º 1
　　Pois é. E ainda mostrou as coxas, para eu ver as marcas.

INVESTIGADOR N.º 2
　　E que tal?

INVESTIGADOR N.º 1
　　Uma marca roxa deste tamanho. (*exagera o gesto*)

INVESTIGADOR N.º 2
　　Eu estou falando das coxas...

INVESTIGADOR N.º 1
　　Galeto.

INVESTIGADOR N.º 2
　　Eu não sei não. A gente é promovido para um distrito melhor, e é isso... Assim, palavra, eu vou pedir para ser despromovido. Na zona do crime o negócio é mais divertido, poxa! Ou bem o cara tem essa profissão decentemente, ou então é melhor trabalhar sentado feito chofer de táxi. Mas não é mesmo? Eu, tem seguramente um mês que não exercito meus músculos, não bato num cara, não faço bulhufas, só dar blitz nessas vadias...

INVESTIGADOR N.º 1

　　Mas é mesmo. No meu antigo distrito, poxa...

INVESTIGADOR N.º 2 (*se animando*)

　　O negócio era bom, era? (*tem um gesto ligeiramente boxeador*)

INVESTIGADOR N.º 1

　　Bom? Pra não ir muito longe, você já ouviu falar em Zé Perturba?

INVESTIGADOR N.º 2

　　Zé Perturba? Não brinca...

INVESTIGADOR N.º 1 (*aquiescendo modestamente*)

　　O papai aqui...

INVESTIGADOR N.º 2 (*alvoroçado*)

　　Garoto bom... Conta!

INVESTIGADOR N.º 1

　　Foi nada. O papai já pegou piores... Mas pra você, que ainda é calouro no serviço, vou te contar. Foi assim: nós tínhamos uma dica de que Zé Perturba estava acoitado na favela de Barros Filho. Você sabe que lá só dá nordestino. Zé Perturba era um cara considerado uma fera, quase um rival de Canindé. Reuni uns homens e fui pra lá. Cercamos o barraco onde sabíamos que ele estava homiziado, de uma amásia dele chamada Ritinha, e eu chamei o homem às falas. Ele resistiu. Saiu cuspindo fogo, pulava mais do que um gato, as balas passavam por ele sem tocar, *peco-peco-peco*, ele negaceando, caindo, se levantando, ali tudo pelo terreiro...

　　　　　　A esta altura, o guarda n.º 1, 177, chega e fica olhando, com um risinho nos olhos.

GUARDA N.º 1

　　Cristo! Quanta bala!

INVESTIGADOR N.º 1 (*sem se dar por achado*)

　　Sai pra lá, chiclete de leão... Claro, ele pôde se safar porque a noite estava um breu. Eu contei as balas do revólver dele — uma, duas, três, quatro, cinco, seis — porque eu moro no barulho de uma Smith & Wesson — e aí mandei os homens pararem de atirar. Nesse meio tempo ele tinha comido um guarda na faca, pois era revólver na canhota e peixeira na direita, um relâmpago de homem, estava na sua frente, atrás de você, por todos os lados, igual a um corisco. Mas eu queria fechar ele, por uma questão de moral, pois tinha ouvido dizer que ele tinha dito que eu não era de nada. Aí parti pro homem, ele me enfrentando, os olhos luziam iguais aos de um tigre, a boca escumava. Aí ele me passou uma rasteira (*o guarda nº 1, sempre meio caçoísta, desvia como se a rasteira tivesse sido dada nele*) pra depois se servir com a faca, e aí...

> Entra o comissário, apressado, seguido pelo repórter policial. Faz um aceno rápido aos dois investigadores e vai para a sua mesa, cercada por um engradado de madeira. Ao ver o escrivão no seu posto, cabeceando sobre o livro de assentamentos, dá um murro em sua mesa que faz o outro dar um pulo. Sobressaltado, o escrivão se levanta aflito, vindo das profundezas do seu sono.

COMISSÁRIO

Eu estou ficando com a impressão de que você está precisando de um distrito bem longe e bem movimentado, que é pra você se curar desse sono que você tem... Não será não?

ESCRIVÃO (*meio dormindo*)

Desculpe, seu comissário, mas é que eu passei a noite em claro, a patroa com uma dor nos quartos, e esse calor que não deixa a gente dormir, eu peço desculpas...

COMISSÁRIO

Tá bom, tá bom. (*dirigindo-se ao repórter, que sentou-se a seu lado*) Pessoal de morte. (*ao guarda nº 2, que chegou à porta*) Olhe aí, menino, vai aí no café em frente e traz uma cerveja bem gelada, *estupidamente*, e dois sanduíches de mortadela. Diz que é pra mim, senão eles põem *mortedele* em vez de mortadela. (*ri contente com sua própria piada: o repórter passa devagar a mão no rosto, olhando para o público, como para exprimir sua paciência e caceteação*) Esta não está má, esta não está má... (*dirigindo-se ao repórter*) Você sabia que eu sou formado em direito? Um dia você precisa botar isso numa reportagem. Sim, senhor, bacharel em direito. Legal, não? (*o repórter concorda com ar vago*) Ah, bons tempos!

REPÓRTER (*para dizer alguma coisa*)

Mas você nunca praticou, né?

COMISSÁRIO

Não sei, não me senti bem no meio. A polícia tem um caráter de aventura, mais coragem pessoal. Calha melhor com o meu temperamento. Eu já te contei o nosso trote, quando eu entrei para a faculdade? (*o repórter faz que não*) Ah, menino... Imagina você que nesse ano estava fazendo o vestibular, nem sei como, o famoso Ataualpa da Lili, um valente famoso, com dois ou três crimes de morte nas costas mas que se safava sempre porque era filho de gente do governo. Nós éramos cerca de trezentos calouros, e havia mais de quinhentos veteranos esperando pela gente fora dos portões da escola. Já tinham passado arame nas grades e tudo, mas o Ataualpa — ô cara de morte! — foi de calouro em calouro, durante a prova de direito romano, e convenceu um por um que devíamos reagir. Saímos todos em bloco, e o Ataualpa ele próprio, com um alicate, foi cortando os arames, e a calourada já ia escalando os portões, e o resto empurrando, e vai não vai, e vai não vai, e aí foi mesmo — e lá fora o pau comeu. Uma briga de trezentos contra quinhentos, você sabe lá o que é isso? O Ataualpa, puxa! brigava com uns quinze ao mesmo tempo. Eu fiquei com a cara deste tamanho. Mas em compensação, não tomamos trote. Parece que foi a única turma da faculdade que escapou. O Ataualpa... Seis meses depois morria assassinado da maneira mais besta, por um garçom de uma leiteria que ficava ali na antiga Galeria Cruzeiro. O leite parece que não estava lá muito cristão, e ele obrigou o menino — um garoto de dezoito anos — a tomar o litro inteiro, depois de dar-lhe um par de bolachas. Resultado: o garoto tomou o leite, disfarçou, foi lá dentro, se armou de uma faca e espetou o Ataualpa por trás, no pescoço. Carótida. Carótida é fogo. Fo-go!

REPÓRTER (*dirigindo-se ao investigador nº 1*)

Eh, Canhoto. Alguma novidade?

INVESTIGADOR Nº 1

Mesérias. Durante o meu plantão um cara veio pedir garantias de vida contra um oficial que disse que ia fechar ele porque o tal tinha dado uma corrida no filho do outro. Depois, no plantão da tarde, esteve aí uma mulher para dar queixa contra o marido dela. (*faz o gesto de bater*)

REPÓRTER

Esteve aí o homem que procura a sua Rosa?

COMISSÁRIO

Ah, o caso da Central do Brasil... Parece que está dando uma certa onda de imprensa, não? Tudo quanto é mulher me pergunta sobre esse negócio. Ontem na boate foi um caso sério. Eu até estou precisando me inteirar, porque as moças todas estão excitadíssimas. Veja você....

REPÓRTER

É. O caso tem um lado gaiato. É, pelo menos, incomum, e tem um elemento... poético qualquer. O rapaz parece que anda correndo todos os distritos e fazendo uma onda danada.

INVESTIGADOR Nº 2

Como é a história?

REPÓRTER

Um negócio gozado. O cara estava de braço com a noiva, na estação da Central do Brasil, às vésperas de se casarem, ambos muito felizes da vida, e de repente, quando o sujeito dá por si, a menina tinha desaparecido, uma moça chamada Rosa. E nunca mais ninguém pôs os olhos em cima dela. Ele bateu tudo, foi a todos os distritos, moveu céus e terras, e nada. Parece que as buscas estão começando a se estender inclusive a outros estados.

INVESTIGADOR Nº 2

Gozado. Aqui ele ainda não apareceu...

COMISSÁRIO

Isto cheira demais a vigarice. Com certeza a tal de Rosa estava cheia do cara, e fez a pista. (*dirigindo-se ao investigador nº 2*) Não te parece? Ou então o cara é louco, deve estar simulando, querendo publicidade. Você não se lembra do caso da caixa-d'água? Seis caras se apresentaram declarando-se culpados. É um negócio de doido, essa mania de publicidade... Todo mundo só pensa nisso. A gente está vivendo um período em que não há outra coisa a fazer — o sujeito tem de aparecer, senão entra pelo cano. (*dirigindo-se ao repórter*) Você tome o meu caso, por exemplo. Eu, poxa, sou um bacharel. Um cara formado em direito. Estudei direito romano, direito constitucional, direito penal, direito administrativo, sei lá mais o quê. Quer dizer, não sou qualquer toco de vela. Pois bem: para chegar a este distrito, um dos melhores da cidade, não tive de recorrer à imprensa, ter minhas amizades nos jornais, meter umas boas becas, fazer um pouco de *public relations*, ir pras boates, pegar umas mulheres, até fazer samba eu já fiz! Não meti uma parcerirada com um crioulo do Pasmado — o samba, eu reconheço, não é lá essas coisas... mas não está aí gravado? E por quê? Porque o filho do diretor da fábrica de disco gosta de agasalhar umas rolas, e eu já safei a onça dele duas vezes. Agora você me diga: como é que um cara pode viver a não ser na base do *café-society*, do toma-lá-dá-cá, da autopromoção e toda essa coisa? Isto é: se o cara quiser viver uma vida decente, ter o seu apartamento, a sua *hi-fi*, a sua geladeira, o seu bom uísque, e pegar umas mulheres que não cheirem — poxa, a cebola, a trabalho... É ou não é? Você me diga: eu tenho ou não tenho razão?

REPÓRTER (*aparentando uma cara caceteadíssima*)
É, você tem toda a razão.

COMISSÁRIO
Claro! Agora você me diga: como é que um cara pode acreditar que um outro cara perca a noiva na estação da Central do Brasil, e ela desapareça, e o sujeito fique procurando ela mesmo no duro porque gosta dela? Ninguém gosta de ninguém. Eu sempre digo isso à patroa lá em casa, que você conhece, é aquela Amélia, aquela mulher-batata... Imagina se Isaura ia fazer um papel desses, desaparecer assim no fog de Londres... Claro que ela tem de estar enfurnada em algum canto com algum cafifa, já devia estar tudo combinado, então o papai aqui não sabe... Ou então esse cara da tal de Rosa está querendo publicidade. Não tem conversa... Isso é mais um bolha que anda por aí. E depois, poxa! Central do Brasil... Isso deve ser mulher de subúrbio... Qual a graça que tem? Eu não vejo... Imagina você, você nessas boates, com essas mulheres cheirando bem, cheirando lindo, e vem um bolha desses com essa conversa de que perdeu a sua Rosa na estação da Central... Deixa isso pra lá!

Neste momento soa imperiosamente o sinal do dictafone. O comissário se assusta e abre a conexão, dizendo para os outros, em voz mais baixa:

COMISSÁRIO
O homem está aí...

VOZ DO DELEGADO
Boa noite, comissário. Alguma novidade?

COMISSÁRIO
Bom dia, doutor. Nada, nada. Tarde calma. Depois do plantão do dia, só houve uma mulher que veio dar queixa de que o marido bateu nela.

VOZ DO DELEGADO
A queixa foi registrada?

COMISSÁRIO

Não, doutor. (*pisca o olho para o investigador n.º 1*) Achei desnecessário, em vista de ela dizer que é um hábito do marido, e que ela não quer se separar dele... Um caso de rotina.

VOZ DO DELEGADO

O senhor chama de rotina o fato de um ser mais forte espancar outro mais fraco?

COMISSÁRIO (*gaguejante*)

Bom, não é bem isso, doutor... É que o senhor sabe: marido bate em mulher. Se a gente fosse atender...

VOZ DO DELEGADO

O senhor fez muito mal em não registrar a queixa. Da próxima vez, faça-o, e mande um dos homens *assustar* o culpado. Assim ele pensará duas vezes antes de bater novamente em sua mulher. O senhor não acha que é um ato covarde bater numa mulher?

COMISSÁRIO

Bem, achar eu acho. Mas acontece que há umas que gostam...

VOZ DO DELEGADO

Isso não tem nada a ver com o assunto, comissário. O senhor não vai justificar o crime só porque ele existe. Pelo menos enquanto eu estiver à testa desta delegacia. O senhor compreendeu? O exercício da autoridade não exime ninguém de espírito de compreensão, humanidade e cortesia.

COMISSÁRIO

Compreendi, doutor...

VOZ DO DELEGADO

A moça da curra esteve aí?

COMISSÁRIO

Passou pela porta cantando aquele troço da Rosa que ela canta todo dia. Desculpe aqui, hein, doutor — mas o senhor não acha que essa mulher já está enchendo?

VOZ DO DELEGADO

Ela volta, quando lhe der fome. Mande o 177 dar-lhe um pouco de leite e uns sanduíches, quando ela aparecer. Ele pode mandar apanhar aí no café em frente. Na minha conta.

A ligação é interrompida. O comissário deixa-se um momento no ar, depois balança a cabeça.

COMISSÁRIO (*entre dentes, furioso*)
   Essa não... Essa não...

REPÓRTER
   Qual é a bossa?

COMISSÁRIO (*perplexo*)
   Esse cara... Eu não entendo esse cara. Ele está me deixando louco. Veja você: isso aqui é uma delegacia de polícia. É ou não é? Ou será que eu estou enganado? É possível que esteja virando boate, ou uma agência da Liga em prol da Moralidade, ou sei lá o quê. Você manja? Eu não manjo. Que é que esse cara quer? Qual é a novidade? Bossa nova? Mania de ser original? Então por que é que não sai e não vai ser padre ou um troço qualquer assim? Eu não sei. NÃO SEI MESMO! Mas não é? Agora me veja você: o 177 de ama-seca da louca da curra. Hein, ô 177? Que é que você me diz, você de ama-seca da louca da curra, levando ela no café pra ela tomar leitinho? Que é que você me diz, hein, ô 177? Que é que a turma aí no café acha, hein, ô 177? Devem te gozar um bocado, hein, ô 177? (*ri perversamente, mas a mão contraída sobre a testa não esconde sua raiva impotente e para disfarçar ele mexe nuns papéis sobre a mesa e abre umas gavetas como para dar-se um ar de importância e trabalho. O repórter assovia suavemente um samba, olhando-o com um ar cínico*)

REPÓRTER
   Deixa o homem pra lá. Cada louco com a sua mania.

Tocam o telefone. O comissário atende. Dentro uma das presas canta o final do samba "Volta".

COMISSÁRIO (*ao repórter*)
   Para você...

REPÓRTER (*tomando o telefone*)
   Alô? (*com alegria na voz*) Olá, há quanto tempo! Eu? Não, você deve estar enganada. Sempre aqui, minha filha, a estas horas, e depois, à hora de sempre, de madrugada. O quê? (*ri gostosamente*) Não, impressão tua... (*pausa*) Pode ser, pode ser... Mas só depois das duas; até lá é pedreira, minha filha, não há nada a fazer. (*pausa grande*) Tenho. Uma meia garrafinha, dá para a partida. Se faltar, manda-se buscar embaixo, não há de ser nada. (*ri novamente*) As-

sim é que eu gosto, com essas boas disposições... (*o samba "Volta" pára*) E o Albertinho? (*pausa grande*) Não me diga! (*dá uma gostosa gargalhada*) Eu disse a você, você não quis me escutar... Não pode, minha filha, um sujeito que come mortadela não pode... (*olha de soslaio para o comissário*) Não é para uma moça fina feito você; tão fina que chegou a desaparecer três meses... Você acha isso direito? E esse pobre repórter sofredor aqui, penando suas mágoas por essa Copacabana tão vazia de mulheres e de crimes? Uma tristeza!... Mas não há de ser nada... Hoje daremos uma volta... O quê? Não, o melhor é você ir diretamente para lá, a chave continua no mesmo lugar. É, você se serve um uisquinho, põe um disco na vitrola, se quiser pode tirar uma torinha enquanto seu lobo não vem. Eu estarei chegando, eu estarei chegando... Não se impaciente... O quê? (*a partir deste momento ouve-se fora a canção da louca da curra*) NÃO ME DIGA! Em São Paulo? Poxa, menina... Que horror... Você lembra aquela noite na boate, em que ela disse que ia se matar?... Que coisa, hein?... Coitada! Não era má mulher não, embora fosse burra, coitadinha. E chata, hein? Quando bebia ficava o fim... que Deus a tenha. Essa pelo menos não chateia mais ninguém, a coitada... Tá bom, neguinha. Aí por volta das duas e meia. Até.

> Desliga e fica pensando. O comissário, que prestara ouvido a toda a conversa, toca-o curioso, com o dedo.

COMISSÁRIO

Más notícias?

REPÓRTER (*meio alheio*)

É. Uma mulher que foi amante minha em São Paulo, o ano passado... (*faz um gesto característico*) Desligou.

COMISSÁRIO (*de modo ausente*)

Troço chato, hein?

REPÓRTER

É. Só que com um detalhe horrível. A Carminha, essa aí do telefone, estava me contando. A mulher, depois de tomar um vidro de sonífero, enfiou uma meia de náilon na cabeça para ter a certeza de que não vomitaria de volta a sua própria morte.

COMISSÁRIO (*com ar entendido*)

E pra se sufocar também! Essa bossa eu manjo. Essa queria morrer. Taí: uma cara assim eu admiro. Não é feito essas vigaristas que tomam remédio pra dormir já com a mão no telefone, ou então cortam o pulso na hora em que ouvem alguém entrando. Essa não... (*pausa*) Mas que foi? Negócio de homem?

O repórter olha-o com uma cara positivamente de nojo.

REPÓRTER (*com entono, depois maquinalmente*)
Negócio de muito homem. Muito homem e muito álcool. Menina de gente humilde que quis subir. No fim não podia mais ficar sozinha em casa. Eu já peguei ela nessa batida. Trezentos mil homens, quatrocentas mil boates. Depois, cocaína, surubas, essa coisa... Depois...

COMISSÁRIO
É.

A louca da curra pára a canção e entra na delegacia.

COMISSÁRIO
Já está ela aí, manja só...

REPÓRTER (*constatando*)
Pobre mulher...

COMISSÁRIO
Poxa, mas podia ir cantar em outra freguesia... (*dirigindo-se à louca*) Que é que há, minha filha?

LOUCA (*maquinalmente*)
Estou com fome.

COMISSÁRIO (*fazendo-se de interessante*)
Não diga! Onde é que eu já ouvi essa antes?

LOUCA
Estou com fome. Era de tarde, mas ninguém viu, só eu. Eu e Nossa Senhora. Ele caiu assim e ficou me olhando, parecia um menino, tinha uns olhos azuis cheios de lágrimas, depois gritava, gritava. Estou com fome.

COMISSÁRIO
Ô 177!

GUARDA Nº 1
Seu comissário...

COMISSÁRIO
Tá na hora de você entrar nas suas funções de ama-seca.

GUARDA Nº 1 (*com a voz feliz*)

Pode deixar que eu levo ela, seu comissário. Sabe, ela é boazinha, fica só cantando...

COMISSÁRIO

É. O delegado mandou dar leite a ela, e uns sanduíches. Tudo como sempre, na conta dele.

GUARDA Nº 1

Pode deixar que eu me encarrego, seu comissário.

COMISSÁRIO

Depois vê se encaminha ela pra direção contrária à do distrito. Me faz esse favor...

GUARDA Nº 1

Não adianta, seu comissário. Ela volta...

COMISSÁRIO

Então vê se amarra uma pedra no pescoço e atira ela no mar, joga ela debaixo de um bonde, faz qualquer negócio...

GUARDA Nº 1

Eu, hein, seu comissário?

COMISSÁRIO

É, você mesmo, ó cabeça de bagre.

GUARDA Nº 1

O senhor tem cada uma, doutor...

> Pega docemente a louca pelo braço e sai com ela, com a maior delicadeza. Do lado de fora a mulher recomeça a cantar e seu canto vai se perdendo ao longe. O ambiente da delegacia é de quase-penumbra, e ninguém parece dar por isso. Há qualquer coisa como um clima de desespero em tudo. Ao cessar ao longe o canto da louca, entra um rapaz. Está humildemente trajado, mas de gravata. Traz a barba por fazer.

INVESTIGADOR Nº 1

Que é que há?

RAPAZ

Estou procurando minha noiva que desapareceu.

INVESTIGADOR Nº 1

Ah, você é o tal que anda procurando a sua Rosa... Custou a dar por aqui, hein?... (*dirigindo-se ao comissário, entretido em con-*

versar baixo com o repórter, que passa os olhos num vespertino qualquer, sem lhe dar muita atenção) Eh, comissário! Chegou o nosso dia. Tá aí o cara que procura a sua Rosa.

COMISSÁRIO (*erguendo rapidamente a cabeça*)

Ah, sei... (*dirigindo-se cortesmente ao rapaz*) Chegue aqui, meu amigo... (*dirigindo-se ao repórter*) Isso é um bom caso, está dando o que falar na imprensa. Os comentaristas da Zona Norte têm dado várias notas, você tem visto? (*novamente ao rapaz*) O que é que há, meu amigo?

RAPAZ (*infantilmente*)

Estou procurando minha noiva que desapareceu do meu braço, na estação da Central do Brasil. Nunca mais ninguém soube dela. (*baixa a cabeça e começa a chorar mansamente*)

COMISSÁRIO (*ligeiramente perturbado*)

Que é isso, meu amigo... Onde é que já se viu um homem chorar?... Eu já ouvi falar de sua história... Vamos, chegue-se mais para cá! (*o rapaz aproxima-se, tira um lenço do bolso e se assoa profusamente, enxugando depois os olhos*) Conte tudo como é que se passou.

RAPAZ

Eu não sei. Nós chegamos do interior, porque nós fugimos, o senhor sabe, para vir casar aqui no Rio, porque lá na roça tudo era tão difícil, e o pai e a mãe de Rosa não queriam porque eu estava desempregado, mas nós viemos, porque eu tenho uma tia muito boa que mora no Encantado e que podia tomar conta da Rosa até eu arranjar um emprego, porque nós queríamos fazer tudo como Deus manda, eu nunca tinha tocado na minha Rosa, o senhor compreende... (*recomeça a chorar de manso*) Mas aí eu arranjei um empreguinho como prático de farmácia, e tudo começou a nos sorrir, e minha Rosa estava tão feliz, e a tia também, e eu também, e já estava até tirando os papéis, quando nesse dia a Rosa quis ir ao Jardim Zoológico, maldito dia, e nós estávamos na estação, o senhor compreende, esperando o trem, e aí saltou aquele povaréu bem em cima de nós, e eu senti que a minha Rosa não segurava mais o meu braço e aí o trem partiu, e eu fiquei procurando a minha Rosa para lá e para cá no meio daquele mundo de gente, depois a estação ficou vazia e nada da minha Rosa, ela tinha se perdido de mim, a minha Rosa, feito uma coisa que desaparece, assim sem explicação, e eu não entendo por que a minha Rosa e eu, nós íamos nos casar dali a uma semana, e ela estava feliz como um passarinho, e eu já tinha levado ela na minha farmácia, e o farmacêutico, um homem muito bom o farmacêutico, falou com ela e tudo que se eu fosse bom rapaz e aplicado, que eu ia longe, porque ele estava muito contente comigo, e ali é zona de muito doente, muita gente pobre precisando de remédio, e eu já estava começando a dar injeção e tudo, e minha Rosa estava tão contente que vivia cantando, e a tia e ela cosiam o tempo todo, porque o farmacêutico já tinha me dado um adiantamento que era para o enxoval, e ela comprou um véu bonito e tudo, e a tia já estava mandando até pintar o nosso quartinho porque eu disse a tia que pagava o aluguel direitinho, que é para não dever favor, apesar da tia ser tão boa, porque a tia adorava a minha Rosa e eu até já tinha prometido à tia que quando eu tivesse mais um dinheirinho eu pagava uma viagem a ela para ela ir lá na roça explicar tudo ao pai e à mãe, que é para eles nos darem a bênção e perdoar de a gente ter fugido, mas agora a minha Rosa desapareceu, e eu já fui a quase todos os distritos e ninguém acha ela, ninguém acha a minha Rosa, onde andará minha Rosa que não conhece ninguém e é tão fraquinha e tem medo de tudo... (*seu pranto faz-se mais forte e ele oculta a cabeça nas mãos para chorar*)

COMISSÁRIO (*ligeiramente comovido*)

Eh, rapaz, pára com isso, seu. Que negócio é esse? Você é um homem ou não é? Fica firme que nós vamos encontrar a sua Rosa.

Entra o guarda nº 2 com uma negra bêbada pelo braço.

GUARDA Nº 2

Seu comissário. A Luzia de novo...

COMISSÁRIO

Mas essa negra sem-vergonha não pára de chat... (*lembra-se de repente da recomendação do delegado, levanta-se, vai até a mulher, caindo de bêbada, pega uma cadeira, e com a maior cortesia fá-la sentar-se*)

COMISSÁRIO

Ó, mas que prazer em vê-la, minha senhora! Sente-se, por favor. O que deseja tomar, um uisquezinho? Ou quem sabe prefere um (*caprichando a dicção*) *creme de menthe*? Há quanto tempo não tinha o prazer de vê-la! Já dois dias... Mas a senhora precisa aparecer com mais freqüência, madame. (*o repórter começa a rir gostosamente*) Não se acanhe...

MULHER (*sem compreender*)
Eu, hein... Eu, hein...

COMISSÁRIO
Teremos sempre o maior prazer em servi-la. Agora, se a senhora me permite, eu vou mandá-la descansar um pouquinho, só até amanhã pela manhã, pois não, que é para a senhora se livrar dos vapores etílicos que lhe embriagam a brilhante inteligência. Quer dar-me o prazer de acompanhar aqui este distinto membro da nossa força policial até o seu apartamento? E se precisar de alguma coisa, não deixe de tocar a campainha, por favor, hein? Qualquer coisa... Um chazinho... O que desejar...

Ela vai sendo conduzida até o xadrez.

REPÓRTER (*ao comissário*)
Posso fazer umas perguntas a ele?

COMISSÁRIO (*confidencialmente ao repórter*)
Vai em frente. Taí: isso é um bom assunto para você. Você pode mesmo dizer que nós vamos envidar todos os nossos esforços para encontrar a Rosa do rapaz, que o comissário está pessoalmente interessado no caso pelo seu lado... humano, você compreende. Você melhor que ninguém pode fazer disso uma grande reportagem, seu!

REPÓRTER (*sem dar muita atenção ao comissário, dirigindo-se bem íntimo ao rapaz e procurando esconder a emoção*)
Ouça aqui, meu amigo. Eu gostaria de fazer-lhe algumas perguntas. Eu sou repórter de um grande vespertino, você sabe, e se você prometer que responde a tudo o que eu lhe perguntar, eu lhe garanto que vou dar uma grande cobertura ao seu caso, e nós vamos fazer tudo para encontrar a sua Rosa, você está compreendendo?

O rapaz, o rosto metido entre as mãos, faz que sim.

REPÓRTER
Agora me diga uma coisa: que dia foi e que horas eram?

RAPAZ
Era um sábado, e deviam ser umas três da tarde, mais ou menos, na estação da Central do Brasil.

REPÓRTER

> A sua Rosa estava segurando você pelo braço?

RAPAZ

> Estava sim, senhor. A Rosa estava sempre segurando no meu braço, o senhor sabe... Ela nunca me largava, tinha medo de tudo, ainda mais assim quando a gente saía, porque nós somos lá da roça, o senhor sabe, e a minha Rosa era a primeira vez que ela saía comigo assim para vir à cidade, ela ficava sempre em casa com a tia, as duas costurando e ouvindo rádio...

REPÓRTER

> E aí o trem chegou. Vocês estavam muito perto da beira da plataforma, ali onde o trem pára?

RAPAZ

> Estávamos sim, senhor. Eu me lembro que a porta abriu e saiu aquele povaréu assim, despejado em cima de nós. Aí eu senti que a mão da minha Rosa tinha largado do meu braço e procurei ela em volta, mas tinha tanta gente saindo e outras entrando que eu não vi mais ela, e então eu comecei a andar procurando ela, mas nada. De repente o trem saiu e eu só vi ele indo embora, e a estação ficou vazia, só comigo e mais um empregado da estação. Eu corri para ele e perguntei, mas aí ele me disse que ele lá ia saber onde é que estava a minha Rosa, e saiu andando assim. Aí eu fui ao distrito e o comissário me disse que a minha Rosa devia ter entrado no trem, com certeza naquela enxurrada de gente, mas eu fui ao chefe da estação e perguntei e fui ao jornal e disse tudo, e estou correndo todos os distritos para ver se acho a minha Rosa e ninguém acha.

REPÓRTER

> Você deu a descrição dela em todos os distritos e jornais? Quer dizer: como ela é?

RAPAZ

> Dei, sim, senhor. Disse que ela é assim (*faz um gesto tímido*) meio pequenina, e tem um cabelo preto e solto assim, que vem até aqui. (*faz o gesto*) Ela estava com um vestido amarelo com florzinha verde e um colar branco, que eu dei a ela, até comprei de um camelô em Mariano Procópio. Ela estava de sapatinho branco e com uma bolsa da mesma cor, tudo eu que dei a ela. (*com os olhos fixos no vácuo*) Ela era bonita, a minha Rosa.

REPÓRTER

    E você não soube mais absolutamente dela? Ninguém lhe telefonou nem nada?

RAPAZ

    Telefonou sim, senhor. Aliás telefonaram duas pessoas lá para a venda do seu Armando, sabe, perto da casa da tia. Eu fico lá a manhã toda, porque eu dei o telefone de lá para os jornais e também na polícia, e aí anteontem telefonou uma mulher para dizer que eu não desesperasse porque ela tinha feito uma promessa para santa Luzia que se eu encontrasse a minha Rosa ela mandava rezar uma missa e até me deixou o telefone dela para eu avisar, uma senhora muito boa. E ontem telefonou um homem para me dizer que tinha visto a minha Rosa pegando homem em Copacabana, aí eu xinguei ele no telefone, porque a minha Rosa não merece que se diga isso dela.

COMISSÁRIO (*meio enciumado do repórter*)

    E você disse que nunca tinha tocado nela... Você está mentindo, rapaz. Então vocês fogem juntos, metem o pé no mundo e você vem dizer pra mim que a sua Rosa era virgem, rapaz...

RAPAZ

    Eu juro pela Mãe Santíssima que está no céu, quero que minha língua caia de podre e meus olhos não possam mais ver a minha Rosa se eu toquei nela com segunda intenção! O senhor não compreende?... Nós íamos casar direitinho como Deus quer. Ela gostava de mim e eu dela...

COMISSÁRIO

    É. Eu sei como são essas coisas, vocês são todos muito inocentes...

REPÓRTER (*interrompendo-o*)

    Deixa isso pra lá... O rapaz está dizendo a verdade, você não vê? Você quer ou não quer uma boa cobertura desse troço?

COMISSÁRIO (*ressabiado*)

    Acho-te uma graça... Então você engole esse negócio?

REPÓRTER (*meio agressivo*)

    Mas está na cara que o garoto está dizendo a verdade... Onde é que está teu curso de direito e tudo o que você aprendeu? Poxa!...

COMISSÁRIO (*acovardando-se*)

É, meu filho. Eu confio, desconfiando, você compreende? Desconfiando. Já tenho visto de tudo nesse mundo. De tudo!

REPÓRTER (*sarcástico*)

Menos gente direita... (*para o rapaz*) Escuta, filho, o negócio é o seguinte: você já deu todas as dicas a todo mundo, a polícia está avisada, os jornais também, e etc. e tal. Amanhã eu vou falar com amigos meus do rádio e da televisão, e nós vamos fazer uma onda danada até achar a sua Rosa. Tá?

RAPAZ (*infantilmente*)

Tá.

COMISSÁRIO (*querendo estar na parada*)

Pois é. Nós estamos aqui mesmo. Faremos tudo, você vai ver. Agora, meu filho, você vai ali naquele canto, lá onde está aquele moço, e dá o serviço todo pra ele, ouviu? Não precisa se assustar não, ele é escrivão. Você diz tudo a ele como foi, que é só pra ele ir escrevendo. Tá?

RAPAZ (*mais animado*)

Tá. (*dirige-se para a mesa do escrivão, ao fundo, ficando de costas para a assistência. Entra a louca da curra, pelo braço do soldado*)

GUARDA Nº 1

Tá pronto, seu comissário. A moça já tomou o leite dela e comeu dois sanduíches de presunto. Agora disse que queria falar com o moço bom. (*aponta com o dedo para dentro*)

COMISSÁRIO (*irônico*)

Ah, ela quer falar com o *moço bom*, não é? Ótimo. Vamos chutar ela pra ele. (*aperta o botão do dictafone*) Doutor, a louca da curra está aqui querendo falar com o senhor.

VOZ DO DELEGADO

Peça ao 177 que traga ela aqui. Alguma novidade?

COMISSÁRIO

Só o rapaz que perdeu a Rosa, o senhor sabe, aquele caso lá da Central do Brasil, é que está aqui, depois de ter corrido quase todos os distritos. Está agora com o escrivão.

VOZ DO DELEGADO

Ele deu a descrição da moça?

COMISSÁRIO

Deu sim, senhor.

VOZ DO DELEGADO

Faça passar imediatamente à Torre Central.

COMISSÁRIO

Perfeitamente. Alguma coisa mais?

VOZ DO DELEGADO

Nada. Ficarei aqui até as oito, depois irei jantar em casa. Qualquer coisa, o senhor ligue para lá.

COMISSÁRIO

Ô 177. Leva a moça aí até o gabinete do delegado.

> O guarda pega a moça pelo braço e encaminha-a, de tal modo que ela passa pelo rapaz depondo justo no momento em que este se volta e dirige-se novamente para a mesa do comissário.

RAPAZ

Pronto, seu comissário.

COMISSÁRIO

Está bem, meu amigo, agora você pode ir. Qualquer coisa nós lhe avisaremos.

RAPAZ

Será que o senhor me deixava ficar aqui, um pouquinho, pra ver se a minha Rosa aparece?

COMISSÁRIO

Pode. Senta aí, meu filho.

> O rapaz vai e senta-se, como ordenado, num banco. A atmosfera cai em ponto morto. O comissário boceja. Depois de alguns segundos, liga o rádio. Um samba qualquer de sucesso finaliza, e entra a "Barcarola", de João Gilberto.

REPÓRTER

Aquela tua com a negra Luzia não estava má... Mas imagina se o bom samaritano lá dentro te pega numa dessas, dando um gozo nele... Pensa só que fria...

COMISSÁRIO (*com bazófia*)

Se pegar, azar dele. *Eu* não vou dar cartaz pra esse cara não. Veja só você... Agora, de padrinho dessa louca... Não duvido nada que esteja acabando de dar o serviço nela lá dentro, terminando o que os outros começaram. Eu, de moralistas assim, espero tudo. Tu-do. Esse cara é um hipócrita, não paga dez.

REPÓRTER

Olha essa língua...

COMISSÁRIO

Deixa ele comigo... E não sou só eu não. O pessoal todo tá cheio dele. Deixa a política mudar um pouco, que ele vai ver uma coisa comigo. Só sabe dar ordem. Eu não sei não. Um dia ainda pego esse cara.

> O rapaz da Rosa, que adormecera no banco, estremece um pouco a uma guinada que dá com a cabeça.

REPÓRTER

Coitado desse garoto...

> O telefone toca. O comissário atende.

COMISSÁRIO

Alô! Distrito policial. Como?! No Morte Lenta? Tá bom! Tá bom! (*desliga, dirige-se ao investigador n.º 1*) Vamos já, Canhoto. Reúne a turma e vamos pro Morte Lenta. Diz que é o pessoal da lambreta. O pau tá comendo! Enfim, qualquer coisa.

INVESTIGADOR N.º 1

Oba!

> Partem os dois afobados. Entra a louca da curra com o 177. Ela olha para o rapaz que está dormindo, tem um estremecimento e começa a cantar baixinho.

LOUCA (*a voz bem trêmula, como choramingando*)

    Silêncio, silêncio
    Que melancolia...

> O comissário segura a louca e leva-a em direção às celas. Ao ouvir a voz da louca, as outras presas retomam a balada, mas agora em ritmo de samba, e fazendo uma grande algazarra.

PRESAS (*em batida de samba e acompanhando-se com tudo o que houver para fazer barulho*)

    Perdeu-se uma Rosa
    De dia, de dia...

O comissário volta à cena, deixa-se estar, um momento, depois tapa os ouvidos com as mãos.

COMISSÁRIO (*esmurrando violentamente a mesa, grita, quase no tom da balada*)
Silêncio! Silêncio!

Cai o pano instantaneamente.

A primeira encenação desta peça foi realizada no Rio de Janeiro, inaugurando o Teatro Santa Rosa, no dia 27 de abril de 1961, apresentando o seguinte elenco e equipe:

Guarda nº 1	CLEMENTINO QUELÉ
Investigador nº 1	ATILA IÓRIO
Guarda nº 2	AGILDO RIBEIRO
Mulher nº 1	ARACI CARDOSO
Investigador nº 2	PAULO COPACABANA
Comissário	JECE VALADÃO
Escrivão	N. N.
Repórter policial	ANTONIO PATIÑO
A louca da curra	DIRCE MIGLIACCIO
O rapaz da Rosa	MOISÉS GHIVELDER
Mulher nº 2	N. N.
Luzia	MARIA DA PENHA
Voz do delegado	FRANCISCO MILANI
Direção	LEO JUSI
Cenários	CLÁUDIO MOURA
Produção	HÉLIO BLOCH
Coordenação	SAUL LACHTERMACHER

DELEGACIA DE POESIA*

A idéia de escrever uma peça em um ato, ao lado de dois autores nacionais, sobre um assunto tirado de uma notícia de jornal, interessou-me de saída. Quando fui procurado, nesse sentido, pelos corajosos realizadores do Teatro Santa Rosa, Leo Jusi, Hélio Bloch e Gláucio Gill, confesso que, em gozo de curta licença no Brasil, não dispunha de tempo para fazê-lo. Mas a generosidade da idéia que preside à criação desta Casa, aliada ao repto da proposta, predispuseram-me a aceitar a incumbência, sem qualquer espírito de desafio, bem entendido, com relação aos outros autores, ambos bons amigos meus. Desafio, se há, existe com relação a mim mesmo. Impus-me a disciplina de tentar extrair teatro de uma simples notícia do cotidiano carioca — uma notícia, é claro, cheia de perspectivas, mas que se enquadra perfeitamente dentro da temática urbana usual. Ao contrário de minha primeira peça, *Orfeu da Conceição*, que é um poema em forma de teatro e no qual o autor está profundamente presente, procurei, nesta segunda experiência, deixar o autor, tanto quanto possível, observar de fora os acontecimentos por ele próprio imaginados, sem se deixar levar senão pela necessidade de levantar, de um fato, da crônica policial da cidade, uma ponta do véu de mistério que existe em tudo quanto vive. Se o consegui ou não, compete ao público julgá-lo. De qualquer maneira, para mim a experiência foi válida, não só pelo seu ineditismo, como pela confirmação que me trouxe de que a poesia, como o ar que se respira, está em todos os lugares — até numa delegacia de polícia.

(*) Reproduzido do programa da peça. Título atribuído pelo organizador. (N. O.)

AS FERAS

AS FERAS
Chacina em Barros Filho
(Tragédia "pau-de-arara" em três atos)

> *Tudo começou há dois anos, em Bom Conselho, nas Alagoas, quando, por dificuldades de vida, Francisco de Paula, depois de beijar a mulher, Maria José, e abençoar o filho pequenino, Inacinho, abalou-se para o Rio a fim de trabalhar em obras, como um nordestino qualquer.*
>
> De um vespertino da época

PERSONAGENS POR ORDEM DE ENTRADA

Francisco de Paula, vinte e cinco anos
Maria José, sua mulher, vinte anos
Jandira, amiga de Maria José, vinte e quatro anos
Tomé de Paula, tio de Francisco de Paula, cinqüenta e cinco anos
Pedro, o mascate, vinte e sete anos
Crisanto de Paula, trinta anos ⎫ primos de Francisco de Paula
Cristino de Paula, trinta e cinco anos ⎬ e
Cristóvão de Paula, trinta e três anos ⎭ sobrinhos de Tomé de Paula
Pernambuco, o tendeiro, setenta anos
Isaías Grande, tio de Maria José, cinqüenta e cinco anos
João Grande, tio de Maria José, quarenta e oito anos
João Sebastião, irmão de Francisco de Paula, trinta anos
Jovita, comadre de João Grande, quarenta e cinco anos
Zefa, a prostituta, trinta anos
A nordestina velha, setenta anos presumíveis
Duas negras
Quatro mulheres do coro
Comparsas

TEMPO
O presente

PRIMEIRO ATO

CENA 1

O casebre de Francisco de Paula, à beira de uma estrada, com a caatinga esturricada ao fundo. É manhãzinha. No rústico fogão de barro, Maria José prepara o café para seu marido, que termina de arrumar um saco de viagem. A mulher traz ao colo, adormecido, o filhinho de seis meses de ambos, Inacinho.

MARIA JOSÉ
    Café tá pronto. Quer queijo?

FRANCISCO DE PAULA (*surpreso*)
    Tem queijo?

MARIA JOSÉ
    Tem um pedaço. Ontem arrumei. De cabra.

FRANCISCO DE PAULA
    Mas onde arranjou o dinheiro?

MARIA JOSÉ
    Tinha um sobejo.

FRANCISCO DE PAULA (*indo até a porta*)
    Veja só...

               A luz vai cambiando para uma claridade maior.

MARIA JOSÉ
    Vai fazer quente.

FRANCISCO DE PAULA
    Vai. Tenho um mundo de chão para fazer.

MARIA JOSÉ
    Até o Rio de Janeiro.

FRANCISCO DE PAULA
    Ê, lonjura.

MARIA JOSÉ (*servindo o café numa caneca sobre a mesa tosca*)
Vai ser duro.

FRANCISCO DE PAULA (*voltando-se para ela*)
E você, Maria José?

MARIA JOSÉ
Eu?... Eu... nada. Que é que pode fazer uma mulher senão ficar? Não é o que você quer?

FRANCISCO DE PAULA
Não é querer; é necessidade.

MARIA JOSÉ
Eu também tenho necessidade de você.

FRANCISCO DE PAULA
Eu sei. Mas não vai ser muito tempo não, eu tenho fé em Deus. Não vai ser muito tempo não.

MARIA JOSÉ
Tempo de espera.

FRANCISCO DE PAULA
Eu vou arrumar trabalho logo, você vai ver. E depois, tem Crisóstomo e tem meus primos, que estão por lá. E tem seus tios. Eles vão me ajudar. Aí mando lhe buscar, mais o menino.

MARIA JOSÉ
Só Deus sabe...

FRANCISCO DE PAULA
Só Deus sabe. Mas eu tenho fé na bondade de Deus. Aqui é que não tem mais jeito.

MARIA JOSÉ
Às vezes eu penso se não era melhor matar o menino e depois morrer os dois juntos, abraçados, igual Cacilda e Cleanto, lá na serra.

FRANCISCO DE PAULA
Não. Não se põe um filho no mundo para depois matar ele. A gente tem de viver por ele, tem de lutar por ele. Isso é importante. Por isso que eu vou. Por isso vou me meter nesse caminhão e varar esse chão todo. E eu tenho fé que no fim desse caminho, no fim dessa tristeza, tem de ter uma esperança.

MARIA JOSÉ

Ah, se eu pudesse dizer tudo o que tenho trancado aqui no peito. Mas não posso. Eu não posso nem chorar. Eu acho que se eu chorasse, iam sair pedras dos meus olhos.

FRANCISCO DE PAULA

Eu também não sei o que dizer. Tudo o que eu sei é o que você sabe: que aqui não tem mais lugar para mim.

MARIA JOSÉ

Nem para mim. Vou ser como uma alma penada.

FRANCISCO DE PAULA

Não diga essas coisas...

MARIA JOSÉ (*disfarçando a emoção*)

O café... tá esfriando.

FRANCISCO DE PAULA (*chega-se até a mesa, senta-se à cabeceira e abaixa os olhos; depois toma a caneca e sorve um gole*)
Não quer?

MARIA JOSÉ

Depois. Agora não tenho fome. Mas coma, meu filho. Você vai precisar.

FRANCISCO DE PAULA (*pega um pedaço de queijo e mastiga sem vontade*)

Quem diria... Tanta esperança... A seca matou tudo. Agora, tudo o que eu tenho é dívida com o tio Tomé. Carece pagar ele.

MARIA JOSÉ

Eu sei.

FRANCISCO DE PAULA

Tio Tomé... Um homem bom. Um pouco sistemático, às vezes, igual Crisanto; mas bom. Eu falei com ele. Ele vai olhar por você e pelo menino, em caso de necessidade.

MARIA JOSÉ

Da minha necessidade, só você pode cuidar...

FRANCISCO DE PAULA

Mas tem o menino.

MARIA JOSÉ

Antes não tivesse nem nascido.

FRANCISCO DE PAULA

Cale a boca. Não diga isso. Isso não se diz. Assim você atenta contra Deus. Foi Deus que mandou o menino. E tudo o que vem de Deus é bom.

MARIA JOSÉ

Até a seca? Até a separação?

FRANCISCO DE PAULA

Até a seca, até a separação. Depois da seca, vem a chuva. A terra fica verde de novo. Depois da separação, vem o encontro. A gente fica feliz de novo. Foi Deus que fez a vida assim.

MARIA JOSÉ

Então que seja tudo pelo amor de Deus.

FRANCISCO DE PAULA (*indo até a porta*)

Vai ser como um mês, talvez mais, sem saber de você, sem saber do Inacinho.

MARIA JOSÉ

Pois é, pois é. Eu vou estar aqui rezando o meu terço de Nossa Senhora das Dores todo dia, todo dia, eu vou estar, para que nada de ruim aconteça, para que Deus alumie seu caminho e no fim da estrada que você escolheu tenha aquela esperança que você quer encontrar.

FRANCISCO DE PAULA

Vai ter, vai ter. Eu sei que vai ter.

MARIA JOSÉ

Agora vá. Vá, que é para você gozar ainda o fresco da manhã. Depois, vai ser aquele braseiro. São quase dez quilômetros até Bom Conselho. É muito caminho para você fazer a pé. Vá, meu filho.

FRANCISCO DE PAULA

Eu falei com o Zé-dos-Correios. Eu mando as cartas para lá e ele ficou de avisar quando chegar qualquer notícia. Você não vai passar necessidade não, Maria José. Tio Tomé me prometeu que vai ver tudo para você, quando você precisar. Não se esqueça disso. Depois... eu sou moço, sou forte, posso trabalhar. Eu pago tudo de volta para ele, você vai ver. Não quero ficar devendo nada para ninguém. A gente recomeça nossa vida no Rio de Janeiro. Você não vê, está todo mundo indo embora... No Rio de Janeiro tem trabalho. Me contaram que tem muita obra em andamento. E aquela gente de lá não tem a resistência de um nordestino para trabalhar, não tem, não tem. Não foi à toa que Deus deu tanta privação à gente. É nessas horas que vale essa fibra endurecida no sol desse sertão.

MARIA JOSÉ

Não sei. Às vezes eu tenho medo. Eu nunca tive medo, mas agora às vezes eu tenho. Mas eu não quero ter medo. Não vai adiantar de nada. Me dá lástima, Chico. Não tem nem dois anos que a gente casou... Mas que é que se vai fazer. Vá, meu filho. E que esteja tudo nas mãos de Nossa Senhora da Boa Viagem.

> Francisco de Paula toma do saco de viagem, aproxima-se da mulher, beija-a de leve na face e ao filhinho, sobre os cabelos. Depois marido e mulher se olham por um momento, intensamente, com um mudo desespero. Ele faz com o polegar o sinal-da-cruz sobre a cabeça do filho adormecido e, num arranco, sai porta afora.

CENA 2

A mesma. É noitinha, mas Maria José nem deu por si para acender o candeeiro. Um pequeno fogo de lenha, no fogão, ilumina fracamente o ambiente. Maria José passeia de um lado para outro, tentando ninar o filhinho.

MARIA JOSÉ (*cantando*)

> *Minha vaca Laranjinha*
> *Seu bezerro quer mamar*
> *Oi berrou*
> *Quer mamar*
> *Oi berrou*
> *Quer mamar*
> *Oi berrou*
> *Quer mamar*
> *Oi berrou*
> *Quer mamar...*

> O menino segue com sua tênue lamentação de fome. Maria José passeia-o, enervada.

MARIA JOSÉ

Durma, menino, durma. Durma porque eu não sei mais o que é que eu vou fazer.

> A criança continua choramingando.

MARIA JOSÉ (*cantando*)

> *Primá, ô minha prima*
> *Primá, ô minha prima*
> *Quando eu me lembro do seu nome, primá*
> *Quando eu me lembro do seu nome, primá...*

> O choro frágil mistura-se à cantilena que se repete. Desesperada, Maria José toma de um pedaço de pano que embebe num jarro de água sobre a mesa e aperta-o contra a boca da criança que pára momentaneamente de chorar.

MARIA JOSÉ

Tome, Inacinho, tome. Veja se esquece sua fome. Porque sua mãe não tem mais nada para dar a você não...

> Ao ver que o choro da criança recomeça, tira o seio e força-o na boca do menino.

MARIA JOSÉ (*com um ricto de dor*)

Saia, leite, saia...

> Espreme o seio com raiva, gemendo de dor e aflição.

MARIA JOSÉ

Saia, leite. Nem que seja sangue, saia. Saia que é para esse menino calar a boca, saia. Saia que é para eu não ficar louca, saia.

> Nesse momento surge à porta Jandira, uma cabocla jovem, amiga de Maria José e sua vizinha de alguns quilômetros distante. Traz na mão um pequeno embrulho. Maria José, na sua angústia, nem dá por ela, que se deixa no limiar da porta, olhando a cena.

JANDIRA (*em tom casual*)

Ele tá com fome, o bichinho...

MARIA JOSÉ (*voltando-se com susto*)

Jandira! Jandira de Deus!

JANDIRA

É fome que ele tem, Maria José...

MARIA JOSÉ

Eu sei. Mas o leite secou. Não tenho mais uma gota. Olhe aqui: estou com o peito todo roxo de tanto apertar. Nem sangue não sai.

JANDIRA

Faça isso não. Não vai adiantar para o menino e prejudica para o pai... Olhe, Maria José: eu soube. Eu soube que o Chico tinha partido para o Rio de Janeiro e imaginei que você estivesse passando necessidade. Por isso eu vim. Esperei só cair um pouco o sol. Trouxe aqui uma coisinha para você. Dá para fazer um caldo para o menino.

> Maria José deposita Inacinho no berço tosco, a um canto, e corre para se jogar nos braços da amiga.

JANDIRA

Que é isso, que é isso? Não chore não. Guarde suas lágrimas para dores piores.

MARIA JOSÉ

Eu não tenho mais lágrimas. Secou tudo: as lágrimas, o leite, a terra. Está tudo seco. Só meu coração é que ainda não secou de todo.

JANDIRA

Não teve notícia?

MARIA JOSÉ

Não. Ontem passou por aqui Pedro, o mascate, vindo de Bom Conselho. Tinha encontrado o Zé-dos-Correios, não tinha nenhuma carta, não tinha nada. Meu Deus, Jandira... Será que o Chico chegou bem? Será que não aconteceu nada para ele?

JANDIRA

Falta de notícia... boa notícia. Fique sossegada, Maria José... Fique sossegada... Tem dores piores... Tem dores sem remédio, feito a minha, des que Juca largou de casa...

MARIA JOSÉ

É, eu sei. Mas chega o momento em que a gente fica fraca por dentro, feito um pé de pau bichado. Depois, tem o menino que me preocupa tanto... Até agora, eu tinha umas economias que juntei sem o Chico nem saber, prevendo. Mas acabou, Jandira, meu dinheiro acabou. E seu Tomé de Paula, tio de Chico, que ficou de ajudar em caso de necessidade, ainda não apareceu. Pedro, o mascate, me disse que ele anda de viagem para Palmeira dos Índios, e eu não sei o que fazer. Depois, é tudo tão longe... Eu não posso deixar o menino aqui sozinho. Tenho medo. Tenho medo de tudo, até desses cachorros esfomeados que ficam rondando por aqui, até desses urubus que vêm pousar na estrada, igual esperando. Não sei. Nem jeito tenho mais para rezar. Parece que até Deus secou no meu coração.

JANDIRA (*debruçando-se sobre o berço*)

Deixe de parte, menina, vamos... Vamos fazer uma sopinha para Inacinho. Ponha mais lenha no fogo, o resto fica por minha conta... (*Maria José obedece maquinalmente aos conselhos da amiga*) Carece dar sustância ao menino para ele encontrar o pai dele. Porque ele tem pai, Maria José, ele tem pai! Você sabe, Maria José, o que é um menino sem pai como o meu?

MARIA JOSÉ

Me perdoe. Na minha dor eu até esqueço a dor alheia. Deus devia me castigar. Em vez, ainda me manda você, Jandira. O Chico tem razão: a gente tem de ter fé na bondade de Deus. Inacinho ainda tem pai, são José seja louvado! Chico está vivo, não está, Jandira? Me diga, me diga!

JANDIRA (*exagerando a ênfase*)

Claro que está, menina! Claro que está! Quando a notícia é ruim, todo mundo logo espalha. Não tem nenhuma notícia ruim desses paus-de-arara que têm saído daqui não. (*enquanto fala, ela se atarefa no fogão*) A Das Dores, do seu Alexandre, que saiu depois do Chico, já recebeu carta dele. Diz que ele arrumou logo trabalho numa obra. E ele conta para ela que o Rio de Janeiro é uma beleza. Diz que ninguém pode saber como é bonito, com um mar assim que toma tudo e cada prédio alto assim na praia de Copacabana. E que tem obra por ali tudo, e o Cristo do Corcovado abençoando a cidade, e avião voando por todo lado. Uma beleza. Diz que daqui seis meses vai mandar dinheiro para Das Dores viajar, e ela só falta ficar louca de alegria...

MARIA JOSÉ (*esperançada*)

Pois é, Jandira. Eu não sei, agora de repente me deu assim um calor no meu coração. Quem sabe, quem sabe mesmo se Chico não vai mandar me buscar e eu vou para junto dele, o Inacinho vai poder crescer numa cidade grande e aprender ler e escrever numa escola com os outros meninos e fazer arte no mar de Copacabana, igual eu vi uma vez no cinema em Maceió! (*ela bate as mãos infantilmente*) Você sabe, Jandira, eu nunca tive nada. Depois que mamãe morreu, eu vim direito para o Chico. De menina, trabalhei na fazenda do coronel Palmério, depois me casei. Mais tarde, o Chico comprou esse milho aqui que a seca matou, e aquelas ossadas de gado que você vê junto do antigo bebedouro. Terra amaldiçoada! Levou tudo, acabou levando o Chico...

JANDIRA

Mas agora vai ser diferente, bichinha. Agora você vai encontrar seu marido no Rio de Janeiro e você vai desfrutar dele no meio de toda aquela beleza!

MARIA JOSÉ

Você é tão boa, Jandira... Você veio me trazer tanta esperança! (*pausa*) Vamos fazer a sopinha do menino, vamos...

JANDIRA

Vamos, criatura de Deus! Você não sabe a felicidade que você tem! Você tem seu marido que lhe gosta e saiu para procurar trabalho por sua causa e de Inacinho! (*pausa*) E eu? Que é que eu tenho? Aí perdida nesse sertão com um menino de cinco anos que a toda hora me pergunta pelo pai dele. E eu mentindo, mentindo, porque eu sei que o pai dele não vai voltar nunca mais. Eu sim, Maria José, tou seca. Podiam me plantar aí nesse sertão que eu não fazia nenhuma diferença de um pé de mandacaru.

MARIA JOSÉ

Que pecado! Seca você, Jandira? Seca você? Podia secar toda essa terra, todos os rios, até o mar podia secar, mas você não fica seca não, menina. Você é molhada, Jandira; você é boa, você é generosa...

Jandira afasta-se para ocultar sua emoção e aproxima-se do fogão onde começa a mexer na panela da sopa de Inacinho. Maria José chega-se, para ajudá-la, mas de súbito, sem se poder conter mais, Jandira atira-se em soluços nos braços da amiga.

TREVAS

CENA 3

A mesma. Fim de manhã.

TOMÉ DE PAULA (*de fora, batendo palmas*)

Ô de casa!

MARIA JOSÉ (*correndo à porta*)

Seu Tomé de Paula!

TOMÉ DE PAULA (*entrando*)

Bons olhos lhe vejam! Sempre bonita!

MARIA JOSÉ (*confusa*)

Qual seu Tomé! Tanta privação! Tou só pele e osso.

TOMÉ DE PAULA (*a seu modo desabusado*)

Pele e osso assim está custando duzentos cruzeiros o quilo na capital do estado. Que é daquele menino? Fez o que eu mandei?

MARIA JOSÉ (*com estranheza*)

O que o senhor mandou?

TOMÉ DE PAULA

É. O que eu mandei. Ir embora daqui, procurar trabalho, ser gente. Este sertão não foi feito para ele. Aqui ninguém pode ter sentimento não. Olhe Crisóstomo: não foi, não se arrumou? Francisco é como Crisóstomo: são dois que se deixam levar pelo coração. Quem sai aos seus não degenera... O pai, o finado Ezequiel, meu irmão, era a mesma coisa — um homem que não tinha rapidez nos olhos. Escuridão, coiteiro do velho coronel Guedes, espetou ele igual se espeta um capado. Foi preciso eu chegar para fazer um furo *assim* na barriga daquele moleque sem-vergonha-ordinário, e de mais dois que o coronel mandou pra me acabar. Gente pamonha! Nem parece que tem o sangue de meu pai Cantídio de Paula. (*pára subitamente de esbravejar*) Onde está Inacinho?

MARIA JOSÉ (*apontando, desanimada*)

No berço.

TOMÉ DE PAULA (*indo espiar o menino*)

Num... Esse não vai muito longe...

MARIA JOSÉ

Leite secou.

TOMÉ DE PAULA

Homes! veja!

MARIA JOSÉ

Secou.

TOMÉ DE PAULA (*apontando-lhe vagamente os seios*)

Mas parece que está estourando!...

MARIA JOSÉ (*com um gesto de desânimo*)

Não sei... Mas não sai nada. Vai ver é a seca. Mal se tem água para beber...

TOMÉ DE PAULA (*em tom reprovador*)

E Francisco foi assim mesmo...

MARIA JOSÉ (*a voz cheia de fatalidade*)

    Foi. Tinha que ir, já tinha tratado passagem e tudo, em Bom Conselho.

TOMÉ DE PAULA

    Então não sei... Não fui eu que paguei a viagem!...

MARIA JOSÉ

    É. Chico me disse.

TOMÉ DE PAULA (*com implicância*)

    Mas não devia ter ido, com o filho assim. Isso não é de homem.

MARIA JOSÉ

    Que adiantava ficar? Andava por aí, os olhos feitos duas brasas, se comendo por dentro. Assim não: foi — pelo menos foi tentar ver se tira a gente dessa miséria.

TOMÉ DE PAULA

    Não se larga mulher para trás. Isso não é de homem. Nem parece neto de Cantídio de Paula! Nem parece meu sobrinho e afilhado!

MARIA JOSÉ (*relutante*)

    Deixe o Chico, seu Tomé de Paula. Ele fez o que lhe pareceu direito. Aqui... só se a gente fosse roer pau seco dessa terra amaldiçoada. Tem horas que um homem tem de ir, tem de ir. Como quem vai para uma guerra, como quem vai para vingar uma afronta.

TOMÉ DE PAULA

    Uma guerra... Uma afronta... Nem é homem para isso! Larga mulher e filho sem comida na pior seca que já teve este sertão! Guerra boa, essa... Ir para o Rio de Janeiro trabalhar em obra... Pouca-vergonha! Uma cidade que é só patifaria! Pergunte a Edilberto, que tem pouco chegou de lá, pergunte... Diz que as entradas daquelas obras ficam assim daquelas mulheres da vida, e é um tal de tocar violão e entrar e sair mulher daquelas obras que é um nunca mais acabar. Ele mesmo me contou que acabou pegando doença de homem e teve muita despesa, j'ouviu? — muita despesa para se tratar, porque é homem casado, j'ouviu? Eu posso deitar com quem quiser porque eu sou homem só e nunca quis me prender a mulher nenhuma. Mas um homem casado não pode estar deitando com qualquer rameira não, porque ele deve estar limpo para a mulher dele!

MARIA JOSÉ (*deixando-se cair num banco*)

Ah, seu Tomé de Paula, eu não sei o que fazer...

> Começa a chorar mansamente, a mão apertando os olhos.

TOMÉ DE PAULA (*acorrendo*)

Deixe disso, menina. Não desperdice choro com que não presta. (*passa-lhe os braços em torno dos ombros*) Olhe aqui: eu vou lhe ajudar, j'ouviu. Eu vou lhe ajudar. Tomé de Paula não é homem de deixar uma mulher em má situação. Tome nota do que estou lhe dizendo: Tomé de Paula não é homem de duas palavras. Todo mundo nesse sertão sabe disso. (*acaricia-lhe os braços e Maria José nem parece dar por isso, imersa em sua mágoa*) Tenha coragem! Você é uma menina-moça, cheia de vida e saúde. Você vai ver como Tomé de Paula vai dar um jeito em tudo, você vai ver... (*procura nos bolsos, tira um embrulho*) Olhe, tome aqui. Isso é um pedaço de rapadura que me sobrou da viagem. Eu vou a Bom Conselho e trago mais. (*sua voz começa a empastar-se de luxúria*) E trago leite para Inacinho também, e carne-de-sol, e tudo o que você quiser, você vai ver. Ouça bem: eu vou num galope só até Bom Conselho e antes da noite tou de volta. Você vai ter fartura, menina! Não vai faltar mais nada para você nem para Inacinho, palavra de Tomé de Paula! (*baixando o tom*) Tomé de Paula tá rico: não conte isso a ninguém, mas Tomé de Paula está rico! Só você pode ficar sabendo: porque você vai ter tudo o que você quiser, você e Inacinho. É só pedir, é só dizer. Tomé de Paula está aqui para fazer todas as suas vontades!

MARIA JOSÉ (*num lamento*)

Ah, Chico... Ah, Chico...

TOMÉ DE PAULA (*agarrando o chapéu de couro*)

Olhe, eu vou. Fique quieta. Não saia. Não receba ninguém. Antes da noite eu estou de volta. E lhe trago tudo, j'ouviu? Nunca mais você vai passar necessidade. Eu vou correndo!

> Sai porta afora. Maria José deixou-se estar na mesma posição, chorando e gemendo o nome do marido ausente. Súbito, a criança dá um frágil vagido dentro do berço. Ela corre, toma o menino nos braços e põe-se a passear com ele ninando-o, de um lado para o outro. A canção sai-lhe entre soluços.

MARIA JOSÉ

Minha vaca Laranjinha
Seu bezerro quer mamar

> *Oi berrou*
> *Quer mamar*
> *Oi berrou*
> *Quer mamar*
> *Oi berrou*
> *Quer mamar*
> *Oi berrou*
> *Quer mamar...*

TREVAS

CENA 4

A mesma. Crepúsculo. Maria José passeia de um lado para o outro o filhinho prostrado.

MARIA JOSÉ (*a voz como de louca, súplice, entrecortada*)

Não morra não, Inacinho. Não morra não. Não morra que seu pai quer ver você, seu pai já voltou e quer ver você, Inacinho.

Espia o rosto do filho, toca-o.

MARIA JOSÉ (*apertando o menino contra o rosto*)

Ah, minha Nossa Senhora do Parto! Não deixe que meu filho morra não!

Berça-o desesperadamente, como para acordá-lo.

MARIA JOSÉ (*cantando, a voz entrecortada*)

> *No mês de dezembro*
> *Menina era eu*
> *Muito bem me lembro*
> *Menino nasceu*

Pára novamente, depois vai até a porta para espiar melhor, à luz mortuária do crepúsculo, o rostinho desfeito.

MARIA JOSÉ

Inacinho, Inacinho! Acorde, meu filho! Acorde desse sono! seu pai já vem! Olhe ali, seu pai já vem...

Olha para um lado e outro sem saber o que faça.

MARIA JOSÉ (*cantando como para despertar a criança*)

Menino nasceu! Menino nasceu!

De súbito cai de joelhos apertando o filhinho entre os braços e deixa-se assim, a estreitá-lo, a cabeça baixa. Depois, na mesma posição, levanta o rosto e ergue os olhos para o alto.

MARIA JOSÉ

Minha Virgem Santíssima! Salve Inacinho, salve Inacinho pelo amor que tem ao seu divino Filho! Salve Inacinho para o pai dele, pelo amor que tem a são José — e eu lhe prometo, eu faço qualquer sacrifício, qualquer sacrifício para que ele viva até encontrar o pai dele... Minha Nossa Senhora, tenha pena de meu filhinho...

>Neste instante uma cabeça assoma à porta. É Pedro, o mascate, macérrimo, os olhos no fundo das órbitas, com a sua matalotagem. Ao ver a cena, pára interdito.

PEDRO

Dona Maria José! Que quer dizer isso?

MARIA JOSÉ (*erguendo-se*)

Pedro! Ah, Pedro, me socorra! Inacinho está morrendo!

PEDRO (*acorrendo e olhando o menino*)

É, dona Maria José... O menino está fraco... Precisa comer...

MARIA JOSÉ

Precisa, precisa. Senão ele morre. Mas eu sequei. Que é que eu vou fazer, Pedro, me diga? Não posso sair e deixar ele aqui...

PEDRO (*olhando o céu coalhado de urubus*)

Não pode...

MARIA JOSÉ

Seu Tomé de Paula ficou de voltar e me trazer um pouco de leite. Mas tá tardando tanto que eu tenho medo Inacinho não agüente. (*pausa*) Diga, Pedro...

PEDRO

Diga, dona Maria José...

MARIA JOSÉ

Eu tava pensando... Você está a caminho de Bom Conselho?

PEDRO

É pra onde eu vou...

MARIA JOSÉ

Você pode me fazer uma caridade, Pedro de Deus?

PEDRO

Tudo o que a senhora quiser, menos comida, que não tenho. Minha última ração acabou. Comi o bastante para chegar a Bom Conselho. Ah, se eu soubesse... Mas eu chego lá, pode estar sossegada!

MARIA JOSÉ

Então corra, Pedro! Veja se encontra seu Tomé de Paula. Talvez ele já esteja até a caminho. Corra, Pedro, e diga a seu Tomé de Paula que Inacinho está morrendo...

PEDRO

Eu vou! Diga uma coisa, dona Maria José...

MARIA JOSÉ

Diga, Pedro...

PEDRO

Perdoe falar. Mas a senhora devia dar o peito ao menino. Mesmo que não tenha nada, ele vai chupar, e aí ele fica com a impressão, a senhora compreende, que tá mamando. E isso disfarça ele da morte, até seu Tomé de Paula chegar.

MARIA JOSÉ (*agradecida*)

Eu vou fazer isso. Como não me lembrei! Agora, vá, Pedro. Vá com Deus!

> Pedro cumprimenta com o chapéu e vai sair, mas súbito volta, abre a maleta e tira de dentro um corte de chita estampada.

PEDRO (*timidamente*)

Olhe, dona Maria José. Isso eu *truxe* para a senhora. Não é pra pagar não. É mesmo um presentinho que eu *truxe* pra senhora...

MARIA JOSÉ (*emocionadíssima*)

Ah, Pedro! Não me faça sofrer mais do que eu já estou sofrendo! Vá! Corra pelo amor de Deus!

PEDRO (*chapéu na não, aproxima-se da mesa e deposita o corte de fazenda*)

Eu vou, dona Maria José. Eu vou.

> Ao chegar à porta, olha o céu com um ar de desafio, depois põe decidido o chapéu na cabeça e parte. Maria José tira o seio e dá ao menino, sempre ajoelhada como estava.

TREVAS

CENA 5

A mesma. É noite. O luar, filtrando-se através da porta e da empena vazada do lado do casebre, clareia o ambiente. Maria José encontra-se na posição em que foi deixada na cena anterior. Ouve-se fora um tropel de cavalo.

TOMÉ DE PAULA (*de fora*)
Sou eu, Maria José! Tomé de Paula!

> Entra apressadamente, tendo à mão um saco, que deposita sobre a mesa. Depois, ao dar com Maria José ajoelhada, tem um ar de surpresa, que logo se transforma em decisão, e parte a acender o candeeiro a querosene, que começa a bruxulear e ilumina fracamente o ambiente.

TOMÉ DE PAULA (*aproximando-se de Maria José*)
Mas que é isso, menina?

MARIA JOSÉ (*a voz fraca*)
Não sei. O tempo passou. Mas ele ainda está vivo, porque de vez em quando eu sinto ele puxar, só que cada vez mais fraco. Mas já faz tempo que não puxa. Nem sei se ele ainda está vivo, Inacinho...

TOMÉ DE PAULA (*ajudando-a a levantar-se*)
Tem de estar! Tem de estar! Olhe ali: eu trouxe tudo. Leite, pão, carne, farinha. Tem tudo. Vamos! Dê comida ao menino.

> Vai ao saco, arranca de dentro as coisas, que vai depositando sobre a mesa. Maria José, de tão transtornada, nem se dá conta que ficou com o seio direito de fora, um belo seio moreno que lhe salta da blusa.

TOMÉ DE PAULA (*a voz semi-embargada*)
E... ponha *isso* pra dentro, vamos!

> Maria José parece acordar e, confusa, recolhe o seio, dando as costas a Tomé de Paula. Depois ela põe o menino no berço e corre para os mantimentos.

MARIA JOSÉ
Leite! Ah, seu Tomé de Paula! Eu nem sei como lhe agradecer!

> Corre ao fogo, põe o leite na panela para amornar, depois passa-o para uma xícara e aproxima-se do berço.

MARIA JOSÉ (*dando a primeira colherinha ao menino no berço*)
Tem de ser bem devagarinho, gota por gota. Me faça um favor, seu Tomé de Paula: me abra aqui a boca de Inacinho. Basta apertar um pouquinho dos lados. (*ele obedece*) É, assim, isso mesmo. Tem de ser gota por gota, senão ele não agüenta. Bem devagarinho, gota

por gota, que é para não fazer mal ao bichinho. Ah, seu Tomé de Paula, Inacinho estava se acabando... Eu nem sei como agradecer o que o senhor fez. (*começa a chorar, mas logo se contém*) É sim, seu Tomé de Paula, eu nem sei como lhe agradecer. Chico vai ficar tão contente quando ele souber! Ah, minha Nossa Senhora do Bom Consolo, tomara que o meu bichinho vingue. Ele vai vingar, não vai, seu Tomé de Paula? (*pausa*) Olhe só... Ele não se mexeu um pouquinho? (*com alegria na voz*) Mexeu, seu Tomé de Paula! Veja só... Já está engolindo melhor! Veja só! Mas tem de ser bem devagarinho, porque faz dois dias que ele não come nada. Senão ele pode ter uma coisa... Tem de ser bem devagarinho...

> Tomé de Paula sai de perto dela, pára junto à mesa, coça a cabeça, vai até a porta e respira fundo olhando a noite. Depois, com decisão, volta até a mesa, tira do saco uma garrafa de aguardente e enche meio canecão. Ele olha a bebida atentamente, como que se mirando nela; depois, sem mais hesitação, ingere um grande gole, e logo outro.

TOMÉ DE PAULA (*descansando o copo*)
  Brrr...

> Bebe mais, e ainda mais, até esvaziar o canecão e serve-se novamente, desta vez devagar, observando Maria José que, inclinada sobre o berço, mostra a metade posterior das coxas.

TOMÉ DE PAULA (*chegando-se a ela e dando-lhe o canecão*)
  Tome!

MARIA JOSÉ (*um pouco sem saber*)
  Que é que é?

TOMÉ DE PAULA (*dando-lhe o canecão e com autoridade na voz*)
  Não pergunte. Tome. É bom. Você precisa.

MARIA JOSÉ
  Eu?

TOMÉ DE PAULA
  Tome, menina! Não discuta! Isso vai lhe fazer bem.

> Ouve-se um vagido no berço. Ambos olham. Logo depois Inacinho começa a chorar um chorinho fraco.

MARIA JOSÉ (*a voz tomada*)
  Deus seja louvado! Inacinho está chorando, seu Tomé de Paula!

TOMÉ DE PAULA (*contando prosa*)

Então não sei! Pois eu não lhe disse? O menino precisava era de comer! Agora ele está bom, vai dormir que vai ser uma beleza!

MARIA JOSÉ

Vai sim, vai sim. Olhe só, seu Tomé de Paula. Ele abriu os olhinhos, o bichinho. Agora já tá fechando... tá fechando... tá fechando com sono o meu bichinho. O leite caiu bem...

TOMÉ DE PAULA

Se caiu! Isso aqui também vai lhe cair bem. Tome!

MARIA JOSÉ (*provando*)

Ih, mas é aguardente...

TOMÉ DE PAULA

Da melhor!

MARIA JOSÉ (*tomando um pouco*)

Mas é forte!

TOMÉ DE PAULA

O que arde, cura. Tome. Aperte o nariz e tome.

MARIA JOSÉ

Mas...

TOMÉ DE PAULA (*imperativo*)

Tome, já disse!

> Maria José olha-o, sem entender, mas na sua grata submissão pega o canecão, aperta o nariz e toma, gole a gole, toda a bebida. Ao tirar a boca, sufoca, estertorando.

MARIA JOSÉ (*tossindo*)

Ai! Ai, seu Tomé de Paula!

> Ela tosse repetidas vezes e pouco a pouco volta-lhe a respiração. Fica parada no meio da sala, o olhar atônito. Tomé de Paula observa-a, impassível.

MARIA JOSÉ (*as mãos sobre o estômago*)

Cristo! Que forte! Quase me deu uma coisa!

> Mas na sua agitação nem percebe que, enquanto sacudia-se em sua tosse, o seio se lhe escapara de novo, quase completamente. Fica assim parada, com um ar de menina, vagamente curiosa com o que lhe está passando. O álcool não tarda muito a subir-lhe à cabeça de um só golpe.

MARIA JOSÉ (*dando uma curta risada*)

Xi, gentes!

Cambaleia fortemente.

MARIA JOSÉ (*a voz já pastosa*)
Seu Tomé de Paula!...

TOMÉ DE PAULA
Sim, Maria José?

MARIA JOSÉ (*evanescente*)
Seu Tomé de Paula! Me segure que eu vou cair...

> Dá dois passos, e vai cair quando Tomé de Paula segura-a fortemente pela cintura, frente contra frente. Pouco a pouco o corpo de Maria José se vai dobrando para trás.

MARIA JOSÉ
Seu Tomé de Paula... Chico... Virgem...

> Perde a consciência, o corpo abandonado para trás, presa apenas pelo abraço forte em que Tomé de Paula a tem. Ele deixa-a assim, um momento, a cintura fortemente contra a sua. Depois, bruscamente, pega-a no colo, vai com ela até a porta, que fecha com o pé. Depois, com um sopro, apaga o candeeiro. E assim, à luz do luar que de súbito volta a iluminar a cena, interna-se com ela no barracão.

PANO

SEGUNDO ATO

CENA 1

Um trecho da favela de Barros Filho, que vem se abrir numa pequena praça. Tendinha na esquerda baixa e, mais ao fundo, o barracão de Isaías e João Grande. Na direita baixa, o barraco dos irmãos Crisanto, Cristino e Cristóvão, onde estão morando seus primos Francisco e João Sebastião. Bica no meio da praça. Ao abrir o pano, Crisanto, Cristino, Cristóvão e Francisco de Paula bebem juntos, encostados ao balcão da tendinha de Pernambuco, um velho nordestino que vende também gêneros de mercearia. É fim da tarde, e a luz deve ir cambiando para o crepúsculo e depois, a noite.

CRISANTO (*ao tendeiro*)
Vire mais uma "batida de lotação", velho!

> O tendeiro serve-o novamente.

FRANCISCO

Chega, Crisanto! Olhe lá...

CRISANTO

Que é isso, primo? Pois então hoje não foi dia de pagamento? E você então, Chico? Eu se fosse você hoje tomava um porre de botar essa favela abaixo...

FRANCISCO

É mesmo...

CRISTÓVÃO

Já mandou a erva, Chico?

FRANCISCO

Se mandei! Vinte no contado. Daqui três dias tá na mão de Maria José, se Deus quiser.

CRISTINO

E o barraco? Tratou?

FRANCISCO

Tudo. Três meses adiantado. Amanhã vou aproveitar o domingo dando uma ordem nele. Seu Isaías tem um resto de tinta que vai me dar — eu quis comprar dele, mas não teve jeito — e eu acho que Maria José vai gostar, vai gostar...

CRISTINO

Quatro meses, hein, primo...

FRANCISCO

É verdade. Se não fossem vocês, e mais João Batista, e mais seu Isaías e João Grande, eu não sei não...

CRISANTO

É duro, sem mulher. Mas também, se você quiser tem mulher aí de... dar com o pé. Eu já lhe disse... É só me avisar...

FRANCISCO

É. Eu sei. Mas você sabe como é... Maria José e eu, a gente se gosta. Se não gostasse, não tinha nada, não; eu fazia como você. Mas gostando é diferente. Um dia você vai compreender.

CRISANTO

Eu não! Mulher para mim, pegou, tascou, largou. Senão é só aperreação, é só dor de cabeça.

PERNAMBUCO

    Não ouve ele não, Chico. Esse menino só sabe fazer bobagem. Num toma juízo.

CRISANTO (*rindo*)

    Cale a boca, velho! Onde é que já se viu velho desses dando palpite? Que é que você sabe de mulher, velho?

PERNAMBUCO (*o viso sério, mas caçoísta*)

    De mulher eu sei que quando ela entra, não quer sair. Quando sai, já tá pensando em voltar.

CRISANTO

    Ocê sabe nada, velho! Ocê é bananeira que já deu cacho. Olhe só você: daqui pra cima (*faz os gestos a partir da cintura*) é só poesia. Daqui pra baixo, é só prosa...

    Caem todos na gargalhada.

PERNAMBUCO (*rindo*)

    Cale a boca, cabra da peste, senão eu ponho suas tripas no meu ensopado. Lhe corto de peixeira assim (*faz o gesto*) e assim (*termina o gesto em cruz*) e ponho no sol pra secar, e penduro aqui na tendinha pra vender e garanto que ninguém vai querer não!

    Os rapazes riem. Pernambuco vira cachaça em todos os copos e se serve também.

PERNAMBUCO

    Essa é por conta da casa. (*ligeiros protestos*) E não me diga que não! Dona Maria José vem aí pra botar vocês todos na linha, e aí é que eu quero ver. (*ri muito a sua risada de velho*) Depois é que eu quero ver... Chico: à saúde da patroa!

FRANCISCO

    Saúde, Pernambuco!

TODOS

    Saúde!

    Bebem com seriedade. Nesse momento, aproximam-se Isaías e João Grande. Os homens se saúdam afetuosamente.

CRISTÓVÃO

    Contente, seu Isaías?

ISAÍAS GRANDE

    Contente. Não vejo a menina tem mais de três anos. E era a minha sobrinha predileta...

CRISTÓVÃO

Pois então! E tem Inacinho também, para lhe urinar nas calças...

ISAÍAS GRANDE

É verdade... Neto de meu falecido irmão Carmelo... A bem dizer, meu neto... Que gosto!

CRISTINO

Tome uma, seu Isaías. Hoje é um grande dia!

ISAÍAS GRANDE

É. Hoje é um grande dia. Daqui um mês tá toda a família junta. Assim é que é direito! E tudo empregado! Um dia nós vamos nos reunir e alugar aquela casa grande da variante, e morar todos nela, e fazer uma oficina de marceneiro, e vamos ganhar dinheiro pra mostrar pra esses vadios por aí como a união faz a força, faz a força...

CRISTINO

Eu estou nessa, hein, seu Isaías!

ISAÍAS GRANDE

Você e toda a sua gente! Onde Isaías e João Grande estiverem, estão os De Paula. (*Pernambuco passa-lhe a bebida e a João Grande*)

JOÃO GRANDE

De uma bicada só!

TODOS

De uma bicada só!

> Viram os copos. Crisanto, já meio alto, começa a cantarolar e passarinhar uns passos de dança.

CRISANTO

Ah, meu Bom Conselho!

CRISTINO

Ah, saudade!

CRISTÓVÃO

A gente ainda há de voltar, não é, João Grande?

JOÃO GRANDE

Se Deus quiser e não mandar o contrário!

ISAÍAS GRANDE

Se Deus quiser! Se for verdade que vão fazer aquele açude por lá, aquela terra vai ficar que é uma beleza. Porque não tem verde mais verde que o daquela região quando Deus manda chuva. E caju? Cada bicho *desse* tamanho! (*faz o gesto*) Imagina a gente mandar daqueles cajus pra cá, e ter um barraco na feira pra vender daqueles cajus? Deus te livre! Já pensou, Pernambuco?

PERNAMBUCO (*ligeiramente cético*)

Caju mesmo é no Recife! Aquilo é que é caju! Dá um copo de suco! Doce da gente ficar com a boca grudada!

CRISANTO (*animado*)

Doce feito beijo de cabocla chamada Esmeralda!

JOÃO GRANDE

Aqui é região por demais! Alagoas e Sergipe. Não é à toa que a capital de Sergipe chama Aracaju, j'ouviu. Veja só: ARA-CAJU. Terra de arar caju, j'ouviu. Pra mim aí tem coisa. Não é por acaso não. É por causa de caju.

CRISTÓVÃO

E mangaba?

CRISTINO

Mangaba! E ananás?

FRANCISCO

E maracujá? Lembra, Cristóvão, quando ocê me levava na garupa de Costela e a gente ia lá pros lados de Palmeiras dos Índios, na fazenda do capitão Onofre, e eu roubava maracujá que dava gosto!

CRISTÓVÃO

Ocê era o capeta! Quem lhe viu e quem lhe vê...

JOÃO GRANDE

É verdade! Lembro quando ocê, Chico, tava rondando a casa feito quem não quer, já de olho em Maria José. Menino arteiro! Carmelo ficava que só faltava cuspir fogo. Um dia me disse: "Tira esse frango-d'água daqui senão eu mando capar ele". Eu disse: "Deixe o menino, mano, que o menino é bom...".

Francisco, contente, palmeia as costas de João.

FRANCISCO

João Grande! Se ocê não existisse, ia ter um buraco no mundo.

JOÃO GRANDE

E lembra o dia em que seu Tomé de Paula saiu correndo atrás dele de relho em punho porque Chico tinha montado naquele baio dele em pêlo, e o cavalo entrou cocheira adentro que mais parecia um raio, e Chico levou com a trave bem no meio do pensamento e ficou com um galo desse tamanho!

FRANCISCO (*feliz*)

É verdade! Eu devia ter uns dez anos...

CRISANTO

Tio Tomé era fogo na canjica. Ô homem brabo!

CRISTÓVÃO

Peguei cada cascudo dele!

CRISTINO

Um dia me pôs dependurado no cabide pelo cós das calças!

ISAÍAS GRANDE (*o semblante fechado*)

É. Um homem duro.

FRANCISCO

Mas bom. Se não fosse ele eu não tava aqui. Me emprestou vinte contos pra eu fazer a viagem no pau-de-arara de João Cansio. E ainda ficou de ver qualquer necessidade de Maria José e Inacinho. Foi muito bom comigo, tio Tomé. Eu quero pagar ele logo que ganhar mais um dinheirinho. E quero levar um presente para ele também quando a gente voltar. Um presente bom.

CRISANTO (*que continua a dar seus passinhos de dança*)

Eh, música boa! Lembra, João Grande, aquela toada que Bela Vista cantava? Ô cego da peste! Melhor cantador que eu já vi na minha vida! Só perdeu uma vez pra Piauí. Foi depois de um reisado em Feira de Santana. Piauí tirou verso, tirou verso, e Bela Vista foi fraquejando, fraquejando. Piauí tava de sorte. Aí Bela Vista engasgou, não saía mais nada. Aí o cego foi vermelhando, vermelhando e aí — ocê lembra aquele menino que era guia dele, e todo mundo dizia que Bela Vista se botava nele? —, pois não lhe conto nada: Bela Vista levantou, largou a viola, puxou a peixeira e disse assim pro menino: "Me põe no rumo desse cabra que eu quero abrir uma janela nele!". Piauí ria de se urinar. Quase fechou o tempo!

JOÃO GRANDE (*rindo às lágrimas*)

É mesmo. Lembro sim. Ah, Bela Vista... Não era uma que parecia assim uma risadaria geral, como se nada nesse mundo tivesse importância? (*canta, procurando lembrar*)

Quara-qua-quá
Qua-quara-qua-quá
Qua-quara-qua-quá
Qua-quara-qua-quá

Crisanto repete o estribilho. Pernambuco tira um violão da tendinha e passa-o a Cristóvão que entra a acompanhar. Começa a juntar gente.

CRISANTO

Tinha uma casa
Muito engraçada
Não tinha nada
Nem telhado, nem reboco
Mas era feita
Com muito esmero
Ali no número zero
Da rua do Ocê-tá-Louco!

TODOS

Quara-qua-quá etc.

CRISTÓVÃO

Cumpadre Chico
Tava doente
E deu um tiro
No lugar do coração
Saiu a bala
Pelo outro lado
Quem caiu morto sem fala
Foi o cumpadre João

TODOS

Quara-qua-quá etc.

CRISTINO

Meu primo Juca
Tinha um defeito
Ele era feito
Todo de uma peça só
Quem não gostava
Era a mãe dele
Que dava comida a ele
Já sentado no orinó.

TODOS

> *Quara-qua-quá etc.*

FRANCISCO

> *Diz que o marido*
> *Da Gabriela*
> *Fez charque dela*
> *Pro seu sedutor comer*
> *Ao fim de um cabo*
> *Todo desfeito*
> *Grita o tal: "Tou satisfeito!"*
> *E se põe a devolver.*

TODOS

> *Quara-qua-quá etc.*

> Repetem o estribilho, ajudados pelo pequeno aglomerado de gente que se forma. Quase no fim da cantiga, chega João Sebastião, irmão de Francisco.

JOÃO SEBASTIÃO (*afobado, acenando com um envelope*)

Chico! Chico! Chegou carta de Maria José!

FRANCISCO (*correndo para ele e tomando-lhe o envelope das mãos*)

Não brinca! Carta mesmo?

> Examina o envelope. Os outros se aglomeram à sua volta. Isaías Grande mira o envelope atentamente.

ISAÍAS GRANDE

É a caligrafia dela.

FRANCISCO (*dando um pulo como um louco de alegria*)

Deus te livre! (*depois para os outros*) Ocês desculpem. Vou ler em casa.

> Sai correndo e interna-se no barracão dos primos, enquanto o pessoal retoma a canção. Uma mulher vem dançar no meio da roda, todos batem palmas e passarinham passos. Enquanto isso, na fachada lateral vazada do barracão dos De Paula, vê-se Francisco acender o lampião, abrir a carta, sentar-se a um banco junto da mesa e começar a ler. À medida que lê, sua expressão vai se transformando. No final ele recomeça, em meio à algazarra da canção que, a certa altura, fica apenas no estribilho: "Quara-qua-quá", enquanto todos dançam, improvisando à maneira nordestina e carioca.

FRANCISCO (*batendo os dois punhos na mesa, depois enfiando o rosto entre as mãos*)
Não! Não pode ser!

> Faz-se um silêncio geral. Depois, João Sebastião, após olhar surpreso para os outros, dirige-se para o barracão.

CENA 2

Francisco deixa-se estar, o rosto entre as mãos. João Sebastião entra, logo seguido por Crisanto, Cristino, Cristóvão e João e Isaías Grande. Francisco, sem chorar, repete de vez em quando: "Não! Não!", com uma tal expressão de dor que os outros deixam-se por um momento interditos. Depois João Sebastião pega a carta sobre a mesa e lê com dificuldade.

JOÃO SEBASTIÃO (*lendo*)
> "Chico, recebi os vinte contos da viagem, que o Zé-dos-Correios veio me entregar, o que muito lhe agradeço. Mas chegou tarde, e eu lhe peço perdão porque o destino foi mau e a desgraça veio bater na nossa porta. Foi Deus quem não quis. Mas logo que você foi embora, o seu Tomé de Paula, com parte de me ajudar, me deu aguardente e abusou de mim. Que é que eu podia fazer aqui nesse sertão sozinha e com um homem como seu Tomé de Paula? Já não sou mais séria e só não dei cabo de mim porque Inacinho estava tão doente e eu precisei da ajuda do seu Tomé de Paula. Agora Inacinho morreu, eu enterrei ele junto ao ingazeiro e tou igual um corpo sem vida, sem saber o que faço de mim. Seu Tomé de Paula me deixou parida e eu só quero saber se você me quer assim mesmo porque eu não tive culpa do asucedido, foi tudo malícia de seu Tomé de Paula no dia que Inacinho quase morreu de fome sem comer tinha dois dias e eu precisei da ajuda de seu Tomé de Paula sem saber que ele já estava de maldade e queria se botar em mim. Foi mau você confiar nele, porque seu Tomé de Paula não respeita nem Nossa Senhora que está no céu. Agora, depois da morte de Inacinho ele sumiu daqui e eu queria saber se lhe adevolvo o dinheiro ou se você quer que eu vá, mas como eu lhe disse, eu não sou mais séria e tou parida, mas sem culpa do asucedido. Me escreva porque se você não me quiser mais eu compreendo e dou um sumiço. Pense só que eu não tive nenhuma culpa. Maria José."

FRANCISCO (*levantando-se subitamente e sacando a peixeira*)
Eu mato ela! Eu mato ela!

> Crava a faca na mesa com tal força que não a pode arrancar mais. Os outros se precipitam e o dominam, embora ele lute como um desesperado.

FRANCISCO

Eu quero matar ela! Eu quero! Me larga! Eu quero o sangue dela!

> Depois, no meio da luta, sobrevém-lhe o pranto e em breve ele se deixa levar como uma criança para dentro, por João Sebastião. Faz-se um silêncio total. Os homens mal se olham, enquanto à porta se aglomera uma pequena multidão à escuta.

JOÃO GRANDE

Que desgraça!

CRISTÓVÃO

Que desgraçada! Fazer isso com meu primo! Que desgraçada!

JOÃO GRANDE

Mas ela não foi culpada! Foi tudo manha de seu Tomé de Paula.

CRISTÓVÃO

Ela não devia ter deixado!

JOÃO GRANDE

Mas como? Então você não conhece seu Tomé de Paula? Ele não é seu tio?

CRISTINO

Ele agiu mal. Mas ela é mais culpada. Mulher é que é culpada da desgraça de homem.

JOÃO GRANDE

Como é que uma mulher sozinha perdida naquele sertão vai ter força pra lutar com um homem como seu Tomé de Paula? Me diga, me diga e não me ponha louco! Como é? Como é?

ISAÍAS GRANDE

Calma, João! O mal tá feito. Calma!

CRISANTO

Calma... Calma... E Chico, com o nome manchado! Calma... E ela ainda tem a coragem de perguntar se Chico ainda quer ela! Chico devia ir lá e rasgar ela de alto a baixo. Ir com aquela peixeira ali e encravar no peito dela até esvaziar todo aquele sangue maldito!

JOÃO GRANDE

Mas não foi culpa dela, você não viu? Você não viu o que ela disse na carta? Será que ocê não tem coração?

CRISANTO

    Não tem que ter coração com uma mulher que engana um homem. Se ela não queria, não devia ter deixado. Se ela deixou foi porque ela quis. Botou chifre na nossa família, botou. Eu matava ela!

ISAÍAS GRANDE (*estranhamente calmo*)

    Calma, Crisanto! Não fale da boca pra fora, homem de Deus! (*dirigindo-se ao pessoal aglomerado junto à porta*) E vocês aí, vá tudo caminhando, que isso é assunto particular. Vá! Não quero falar duas vezes não! Vá tudo caminhando. (*dá dois passos, ameaçadoramente, em direção à porta e o grupo se dispersa*)

CRISTINO (*baixando a cabeça*)

    Que vergonha!

CRISANTO

    É pior que vergonha! É como se fosse a mulher de um irmão! Era como se fosse a irmã da gente! Maldita! Maldita a hora em que ela nasceu! Trazer a vergonha pra nossa família!

CRISTÓVÃO

    E Chico ainda bom com ela! Mandando dinheiro! Alugando barraco!

CRISANTO

    Chico tem que ir lá. Tem que matar ela pra limpar o nosso nome!

JOÃO GRANDE

    E seu Tomé de Paula? Fica na impunidade? Ele é que devia morrer! Chico devia ir lá e abrir um porão nele! Ele sim...

CRISANTO (*ameaçador*)

    Não diga isso de novo! Não diga isso de novo, porque tio Tomé fez o que faz um homem quando encontra uma mulher sem-vergonha pela frente. Ela é que se vendeu pela ajuda que tio Tomé deu pra ela, ela é que se vendeu...

ISAÍAS GRANDE

    Calma, menino! Não diga coisa que você não sabe. Deixe Francisco resolver o que ele tem de resolver. A mulher é dele! Ele é que sabe!

CRISANTO

    É. O senhor tá no seu papel, seu Isaías! Ela é sua sobrinha. Mas Chico é nosso primo, igual um irmão, e irmão é mais que sobrinho! Me admira até o senhor! Bonito papel!

JOÃO GRANDE

Me admira o quê? Que é que ocê tá querendo dizer com isso? Olhe lá, Crisanto de Paula! Veja lá o que ocê diz. Com Isaías ninguém se mete não! Limpe sua boca antes de falar no nome de Isaías, cabra desaforado! Senão eu lhe faço engolir tudo isso que você tá dizendo!

> Atiram-se um sobre o outro, já sacando as peixeiras, mas Francisco e João Sebastião, que vêm chegando, seguram João Grande, enquanto Cristino e Cristóvão detêm Crisanto. Isaías Grande deixa-se estar impassível. Os dois homens relutam em se deixar dominar, mas pouco a pouco Cristino e Cristóvão levam Crisanto para fora. Mas o rapaz sai gritando ameaças.

CRISANTO (*de fora*)

Mas isso não fica assim não! Isso não fica assim não!

> João Sebastião faz um movimento para sair atrás dele, mas Isaías o detém. Fora, ouve-se a voz de Crisanto, ainda gritando ameaças ao longe. Numa pequena elevação abre-se uma janela e uma negrinha jovem pergunta para uma negra mais idosa, do outro lado, também à janela.

NEGRA 1

Que é que é todo esse babado, hein, Carmela?

NEGRA 2

Sei não! Parece coisa de mulher! Crisanto de Paula tá dizendo que não fica assim não!

NEGRA 1

Xi — mulher! Mulher é espeto! Dá sempre em sangue! Bem faço eu que não dou sopa pra ninguém!

> Fecha a janela. Isaías Grande espia na porta, a ver se os irmãos De Paula desapareceram. Depois faz um sinal a João Grande e os dois saem, deixando sozinhos Francisco e João Sebastião. Os dois irmãos se entreolham.

JOÃO SEBASTIÃO

Esse cabra! Pensando que ronca grosso!

FRANCISCO

Ele tem razão! Eu devia ir lá e acabar com Maria José. Ela me pôs chifre!

> Abate-se sobre a mesa, a cabeça entre as mãos.

E ela não é disso! Eu sei que ela não é disso! Maria José é direita!

Mas ela não podia fazer isso comigo! Não podia! Agora como é que eu vou encostar mais nela?

JOÃO SEBASTIÃO (*a voz fria*)

Você deve ir lá e acabar com a raça dela. Senão você nunca mais vai ter sossego, nem a gente! Não tem importância se ela tem culpa ou não. Você deve ir lá e acabar com a raça dela e de nosso tio Tomé de Paula! Isso é o que você tem de fazer se você for homem!

FRANCISCO

Ela não é disso! Ela é direita, Bastião! Eu sei! Maria José foi uma companheira como não tem duas! Sempre me ajudando em tudo, sempre me dando coragem! Eu não entendo! Isso é aquele satanás de homem que tem o nome de Tomé de Paula. Esse sim, eu preciso matar. E depois me matar. Porque eu sim, eu é que sou culpado. Deixei Maria José lá naquela lonjura, no meio daquela seca do inferno, mal tendo o que comer. Eu, sim, é que devia morrer. (*pausa*) E meu filho, coitadinho! Inacinho... Foi melhor assim, pra ele nunca saber a vergonha do seu pai. Ah, Bastião, que desgraça caiu em cima de mim! Que será que eu fiz a Deus?

Limpa os olhos com as mãos e depois se levanta.

(*a voz mais firme*)
Olhe, Bastião: eu preciso saber...

JOÃO SEBASTIÃO

Saber o quê? Que é que você quer saber mais do que já sabe?

FRANCISCO

Saber... Saber por que Maria José fez isso. Depois eu mato ela. Mas antes eu preciso saber. Preciso olhar ela nos olhos e ouvir o que ela está me dizendo. Preciso ouvir as palavras dela, você entende. *As palavras*.

JOÃO SEBASTIÃO

Que é que você quer fazer então?

FRANCISCO

Mandar buscar ela. Você não viu o que ela disse? Mandar buscar ela e *saber*. Depois eu mato ela, eu lhe juro. Mas antes eu preciso ver Maria José e saber de tudo, senão eu fico louco.

JOÃO SEBASTIÃO (*a voz cheia de desprezo*)
Dizer que isso é meu irmão...

    Francisco não o ouve. Monologa consigo mesmo.

FRANCISCO (*como para si mesmo*)
Eu vou escrever pra que ela venha. Depois eu mato ela, depois de eu saber...

JOÃO SEBASTIÃO (*com nojo*)
Cabrão de merda...

    Desta vez Francisco o ouve, mas não reage. Mergulha o rosto entre os braços, sobre a mesa. João Sebastião sai.

TREVAS

CENA 3

Corte lateral do barracão de João e Isaías Grande. João Grande, o torso nu, toma um banho sumário numa bacia de tripé. O candeeiro está aceso. É noite.

JOÃO GRANDE
E depois ainda tem coragem de dizer...

ISAÍAS GRANDE (*interrompendo*)
Não se meta nisso, já lhe disse. Briga de homem cheira a defunto. Não se meta nisso. O que eu acho que a gente devia fazer era ir embora daqui pra outro lugar. Eu não gosto do que está acontecendo!

JOÃO GRANDE
E dar parte de fraco?

ISAÍAS GRANDE
Não é dar parte de fraco. É não se meter. A menina é mulher do homem. Deixa ele resolver. Se ele quer mandar buscar ela, é por conta dele. Eu conheço Maria José. Maria José é incapaz de fazer uma coisa dessas. Só mesmo forçada. Não é por ser minha sobrinha, porque se ela tivesse facilitado mesmo, eu era o primeiro a atiçar o Chico. Mas Francisco tem mais cabeça que ocês todos juntos.

JOÃO GRANDE
É. Boa cabeça pra carregar um chifre... Ele nunca mais sai dessa. Nesse caso a obrigação é matar, é matar...

ISAÍAS GRANDE

Matar é um atraso de vida. Matar não é solução. Matar é acabar com tudo. Deixe Francisco saber primeiro. Eles eram felizes. Todo mundo diz que era o casal mais unido da região. E então, isso não vale?

JOÃO GRANDE

Mas então o Chico não devia ter saído de perto de Maria José. Você se esquece que Maria José é minha sobrinha também, filha de nossa irmã Candinha? Mas Chico é um menino que eu tinha uma estima, como se fosse meu filho. Agora, não tenho mais não. Eu não posso ter estima por um cabrão, um cornudo que a mulher engana.

ISAÍAS GRANDE (*irritado*)

E você não viu ele contar por que ele veio? Queria ver se fosse com você! Você ver sua mulher e seu filho passando fome, sem ter de onde tirar, com o campo seco, o gado morto, sem água pra beber... Então um homem não tem que procurar trabalho pra poder sustentar a mulher dele e o filho dele? Tem! Francisco fez o que tinha que fazer. O mal foi que ele confiou naquele cabra safado que é Tomé de Paula. Mas também, como é que ele podia imaginar que o próprio tio dele, o próprio sangue dele, fosse abusar justamente daquela que ele tinha deixado em sua guarda?

JOÃO GRANDE

Ah, isso é...

ISAÍAS GRANDE

Pois é. Ninguém pode julgar os outros assim. Deixe Maria José chegar, deixe eles dois conversar, deixe ver de quem é a culpa mesmo. Não é só o corpo de uma mulher que é do marido dela. A alma também é — e mais ainda. E se a alma estiver pura, o corpo não tem pecado. Jesus Cristo não perdoou a mulher adúltera? E quem é a gente para se achar com mais razão que Jesus Cristo? Eu sei que é duro para Francisco, mas mais duro ainda deve ter sido pra Maria José. Porque uma mulher que gosta mesmo de um homem prefere tacar fogo no seu corpo a entregar ele pra outro. E tinha o menino, doente. É preciso pensar nisso tudo.

JOÃO GRANDE

É porque não foi com você, senão você não tava falando assim...

ISAÍAS GRANDE

O que acontece com quem eu estimo é como se tivesse acontecendo comigo. Eu prefiro ver a união a ver a desunião e a desgraça. Não foi à toa que eu larguei daquele sertão pra não ter de matar o coronel Cantídio. Você sabe disso. E sofri a humilhação dele. Mas você sabe como ele foi bom para Candinha e nosso cunhado Zé Luís. A lei do sertão era matar. Mas eu tenho outra lei dentro do meu coração. Chega de sangue. Eu quero é paz para trabalhar. É preciso deixar toda essa onda passar e depois ir falar direito com os De Paula, que é gente boa. Não se deve perder a amizade de quem merece. Isso tudo vai passar, se Deus quiser. E a gente ainda vai cantar e dançar junto, feito outro dia. Assim é que é viver direito. O resto não presta.

JOÃO GRANDE

É. Talvez você tenha razão. Mas é que é muito duro para um homem viver com uma mulher que um outro já usou. Pense só. Vamos dizer que você esteja com a razão, e seu Tomé de Paula tenha mesmo forçado Maria José. Mas e quando você for fazer um pissirico com ela e ficar pensando naquele outro homem que já se botou na sua mulher? Não é de um cabra ficar doido da cabeça? É preferível matar. Eu aposto que Maria José, se ela está no certo mesmo, prefere que o Chico acabe com ela a dar pra ele um corpo em que um outro homem — e ainda mais o próprio tio dele! — já se amontou. Tá louco! Não era eu não...

> Ele se arruma, veste uma camisa limpa, assoviando. Entra Francisco.

FRANCISCO

Noite...

ISAÍAS GRANDE

Noite, Francisco. Tome assento.

FRANCISCO

Não... (*olha João Grande, interdito*) É... que eu queria dar uma palavra com o senhor, seu Isaías.

> João Grande, sempre assoviando, pega seu maço de cigarros, seus fósforos, põe tudo no bolso e vai saindo.

JOÃO GRANDE (*da porta*)

Precisa mandar suspender essa cumeeira, mano...

> Sai e depois de algum tempo ouve-se a sua risada, longe. Isaías Grande e Francisco guardam silêncio.

ISAÍAS GRANDE (*docemente*)

    Que é que há?

FRANCISCO

    Eu precisava falar com o senhor, seu Isaías. Quero lhe mostrar uma carta que eu escrevi para Maria José. Só posso ler pro senhor mesmo. Tá todo mundo contra mim, até meu próprio irmão...

ISAÍAS GRANDE (*servindo dois copos de cachaça*)

    Tome, ande...

FRANCISCO (*tomando o copo*)

    Ninguém pode saber, sabe, seu Isaías. Talvez só o senhor mesmo. Mas ninguém pode saber como eu sei. Eu sei que eu sou cabrão, mas ninguém pode me fazer acreditar que Maria José me pôs chifre porque ela quis.

ISAÍAS GRANDE

    Eu também não acredito.

FRANCISCO (*mais animado, bebendo*)

    O senhor não imagina que santa que Maria José era, seu Isaías. Por isso é que eu não posso entender. O senhor sabe o que é o senhor olhar nos olhos de uma mulher e ver até o fundo dela num olhar? Pois assim era Maria José comigo: o melhor amigo que eu tinha. Sempre me encorajando, sempre achando tudo bom. Às vezes eu desanimava, e já vinha ela com um sorriso, com uma animação, ou então cantava uma cantiga para me distrair, tão boa que mais parecia um anjo do céu. Quando ela tava parida e Inacinho nasceu, só o senhor vendo a coragem dela, mais coragem que muito homem! "É nosso filho, nosso bichinho!", me dizia ela — e trincava os beiços de dor, mas não dava um gemido. Trabalhava de sol a sol, e até a seca matar tudo; quando não era Inacinho, era a enxada, era correr do milho pra horta pra ver se salvava qualquer coisa, a mexer na terra, a chorar igual ver se regava a terra com as lágrimas que derramava. A comida, me dava quase tudo, sempre a dizer que não tava com fome, e se eu brigava com ela, ela vinha e me beijava tão manso que eu nem sei lhe contar. Olhe, seu Isaías, eu preferia cortar minha língua do que dizer isso pra outro homem que não fosse o senhor: mas um homem sente mesmo que uma mulher é dele é na cama. Maria José era mais grudada comigo que carne com osso. Por isso é que eu não posso: eu tenho que ver ela, tenho que saber. Eu não quero ir lá agora pra não passar pela

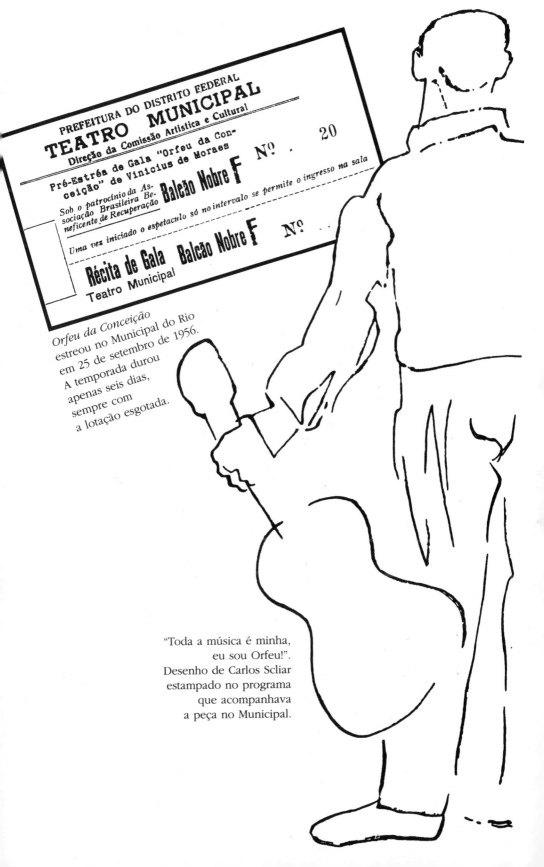

Orfeu da Conceição estreou no Municipal do Rio em 25 de setembro de 1956. A temporada durou apenas seis dias, sempre com a lotação esgotada.

"Toda a música é minha, eu sou Orfeu!". Desenho de Carlos Scliar estampado no programa que acompanhava a peça no Municipal.

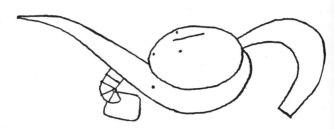

"Ao iniciar os desenhos do cenário de *Orfeu da Conceição*,
deliberei que o faria sem compromissos,
atendendo somente às conveniências da marcação das cenas
e ao sentido poético de que a peça se reveste.
Daí a falta de elementos realistas e a leveza do cenário
que visa manter o clima de lirismo e drama,
tantas vezes fantástico, que Vinicius criou,
e que procura deixar as personagens como que soltas no espaço,
inteiramente entregues à fúria de suas paixões."
Trecho do comentário "Sobre o cenário",
de Oscar Niemeyer, publicado no catálogo do Municipal.

Léo Jusi foi diretor
de duas peças de Vinicius:
Orfeu da Conceição
e *Procura-se uma rosa*.
Desenho de Scliar.

Desenho para a cenografia
de *Procura-se uma rosa*, por Cláudio Moura.
(Edições Massao Ohno, 1963)

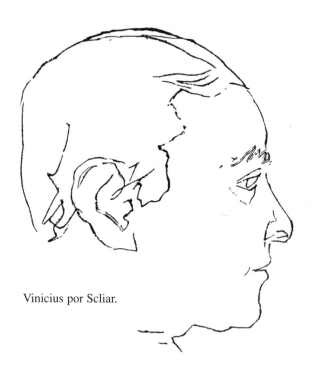

Vinicius por Scliar.

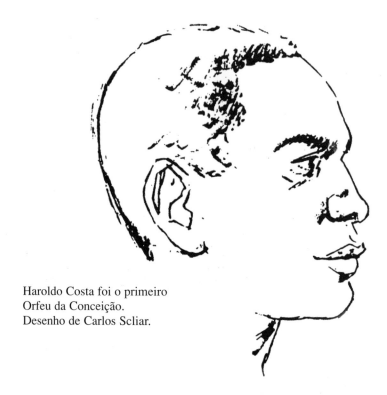

Haroldo Costa foi o primeiro
Orfeu da Conceição.
Desenho de Carlos Scliar.

"Para alguns dos tipos principais,
como Clio, por exemplo,
procuramos obedecer
mais fielmente à linha clássica,
porque sentimos
intensamente nela
a figura trágica da mãe grega,
transposta numa estilização
que lembrasse também,
em sua forma,
a linha negra dos trajes
da velha Bahia dos escravos."
Trecho do comentário
"Sobre os figurinos",
de Lila Bôscoli de Moraes,
publicado no catálogo
do Municipal.
Desenho de Scliar.

Corpo de Baile dos *Maiorais do inferno*: Milka (Teatro Experimental do Negro), Glória Moreira, Cisne Branco, Malu (T.E.N.), Amoa, Baby, Célia Rosana, Ilzete Santos e Nilce Castro. Ao centro, Haroldo Costa. (Acervo Funarte)

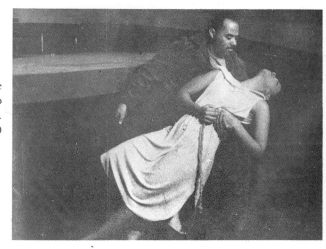

Daisy Paiva (Eurídice) e Abdias do Nascimento (Aristeu). (Acervo Funarte)

Léa Garcia (Mira de Tal) e Abdias do Nascimento (Aristeu). (Acervo Funarte)

Orfeu da Conceição
teve quatro cartazes,
um deles desenhado
por Djanira...

...outro, por Luiz Ventura.
(Acervo Funarte)

Nos bastidores de *Orfeu da Conceição*:
Oscar Niemeyer, cenógrafo; Lila Bôscoli, figurinista;
Vinicius, autor e produtor,
e o jovem maestro Antônio Carlos Jobim,
compositor das canções.
Ao fundo, o cartaz da peça desenhado
pelo pintor e gravador Carlos Scliar.
Foto José Medeiros. (Acervo Funarte)

vergonha daquela gente ver a minha cara e cochichar mal de mim. *Mas eu quero ver ela.* Olhe aqui o que eu escrevi. (*bebe um novo gole*)

ISAÍAS GRANDE (*bebendo também*)

Vá, leia.

FRANCISCO (*a voz cheia de sinceridade*)

Eu não sou covarde não, seu Isaías. Se Maria José tiver me enganado mesmo, eu mato ela. Depois eu saio daqui e vou procurar tio Tomé de Paula nem que seja na boca dos infernos. Mas eu preciso saber antes. Olhe aqui o que digo para ela: "Maria José, eu estou lhe escrevendo para lhe dizer que você venha para o Rio de Janeiro no pau-de-arara de João Cansio, que deve voltar no mês próximo. Eu li sua carta e quero que você venha, porque se você for culpada você vai morrer pela minha mão, porque eu não agüento mais tanta desgraça. (*a canção do "Quara-qua-quá" começa ao longe*) Eu preciso saber pela sua boca de toda a verdade. Eu estou lhe esperando. Felizmente que Inacinho não está mais vivo para nunca poder se envergonhar do nome que tem. Arrume suas coisas e venha logo que é para eu resolver isso como homem. Seu ex-marido até saber toda a verdade — Francisco de Paula".

ISAÍAS GRANDE

Muito bem dito. Isso mesmo que eu ia escrever, se fosse você. Muito bem dito!

FRANCISCO

O senhor acha mesmo, seu Isaías?

ISAÍAS GRANDE

Acho mesmo. E quem não achar não é homem direito. É homem safado, que só porque é homem pensa que o mundo é dele. Você faz muito bem, Francisco. Eu estou do seu lado.

FRANCISCO

O senhor compreende, não é? Mesmo que eu matasse Maria José na hora da raiva, eu não podia matar ela dentro de mim depois de tudo o que eu vi ela pensar por minha causa. Não. Tem de ter uma explicação e essa explicação é só ela quem pode me dar. Eu vou ficar quieto, trancado por dentro, feito um homem morto, até ela chegar. Pode quem quiser falar, podem me chamar de cabrão feito meu irmão já me chamou. Podem até me cuspir na cara. Mas antes eu quero saber. Depois, seja o que Deus quiser e achar melhor!

Faz uma pausa para beber um novo gole.

Eu já mudei pro meu barraco. Bastião ficou com nossos primos. Diz que não quer olhar na minha cara enquanto eu não tiver vingado o nosso nome. (*pausa*) Paciência...

A mesma voz feminina que cantava o "Quara-qua-quá" começa a entoar "Roxa morena". Francisco bebe mais.

Paciência. Eu vou ter paciência. Nem que crie uma pedra no meu peito eu vou ter paciência. Nem que esses olhos, e esses pés, e essas mãos não queiram ter paciência, eu vou ter paciência e esperar.

ISAÍAS GRANDE

Você faz bem. Você está certo. Todo mundo pensa que ser homem é puxar faca e sair cortando os outros a torto e a direito. É como quando uma pessoa bate na porta e a gente pergunta: "Quem é?". A gente devia perguntar mas é: "Quem foi?". Porque nem sempre o que uma pessoa faz é o que uma pessoa é. A vida é cheia de caminhos. Tem o caminho do mal e tem o caminho do bem. Às vezes uma pessoa pode estar no caminho do bem e ser mais safada do que se estivesse no próprio caminho do mal. Eu já vi disso. Eu já vi muita coisa. Eu já estive para matar um homem e fugi. Fugi com a minha humilhação de não ter matado ele porque ele me ofendeu. Mas se eu tivesse matado ele, eu nunca mais tinha me perdoado, porque ele foi bom para minha irmã Candinha, sua falecida sogra, e escondeu Zé Luís quando todos os coiteiros do coronel Pedroso tavam procurando ele depois da eleição. Um homem tem de ser também perdão. Não é só o sangue que vinga; o perdão também.

FRANCISCO (*dando dois passos em direção a ele*)

Seu Isaías...

ISAÍAS GRANDE

Diga, Francisco...

FRANCISCO

Posso beijar sua mão?

Corre para ele e antes que Isaías Grande possa contê-lo, beija-lhe a mão, ardentemente. Depois, numa corrida, sai porta afora. Isaías Grande deixa-se olhando a própria mão, com uma expressão singular. Depois, seu rosto se abre num amplo sorriso. Ele serve-se de um copo de cachaça, suspende-o até o olhar, mira-o atentamente e, de um só gole, entorna a bebida.

PANO RÁPIDO

TERCEIRO ATO

CENA 1

O interior do novo barraco de Francisco de Paula, visto através da parede lateral vazada. Isaías Grande acha-se sentado junto à mesa, pensativo. Francisco de Paula, a mão contra o umbral, junto à porta, olha para fora. É fim de tarde, e a lua deve ir cambiando mansamente para um rubro crepúsculo de verão.

ISAÍAS GRANDE

É. É uma tragédia. A gente não sabe bem o que dizer. Nem o que fazer.

FRANCISCO DE PAULA (*voltando-se*)

Foi mais forte que eu, seu Isaías. Quando eu dei por mim, eu só pensava em matar ela, e o menino, e tudo...

ISAÍAS GRANDE

Ela tá desesperada, Maria José, tá desesperada. Fica ajoelhada no chão igual uma trouxa, a cabeça caída, sem falar nada. Ontem quando eu puxei por ela, só me disse que precisa voltar para o sertão. Fala no sertão. Igual quisesse mais bem ao sertão depois de toda sua desgraça. Igual estivesse seca. Feito a seca.

FRANCISCO DE PAULA

Não sei. Quando ela chegou, o senhor lembra, eu fiquei como louco. Só pensava em matar ela, apesar de tudo o que ela me disse, e que eu sei que é a verdade. Aquela barriga dela me deixava louco, tinha que fugir de casa pra não acabar com a raça dela...

> Tem uma pausa, como para tentar compreender todo o horror em que vive.

ISAÍAS GRANDE

É. É danado!

FRANCISCO DE PAULA

Mas não tinha ânimo. Não tinha. Saía, ficava vagando de noite aí por essa favela, evitando encontrar Bastião e os primos, pensando nela. Ficava pensando em Maria José lá no sertão, tão boa, tão direita. E procurava entender, o senhor compreende? Eu sei como é difícil entender essas coisas, mas cada vez que eu me afastava dela, parecia que tinha uma coisa me puxando para ela. E aí, seu Isaías, eu lhe digo: precisava muito entendimento pra eu não varar meu coração com essa peixeira. E depois, não sei, eu fraquejava. Passava por perto de casa, ficava espiando a sombra dela pra lá e pra cá com aquela barriga grande dela. Tão sozinha ela me parecia, tão sozinha, que eu aí esquecia a minha vergonha, esquecia tudo. Perdia a cabeça, entrava correndo e abraçava ela e pedia perdão, e fazia toda sorte de papel feio, fazia, fazia. Ela chorava tanto, coitada, porque ela sabia tudo o que eu tava sofrendo. E aí eu ficava, jurava a ela que ia esquecer tudo e que ia tentar viver com ela igual vivia antes de vir pra essa maldição. Ela não dizia nada, o rosto sério me olhando. Parecia uma imagem de Nossa Senhora — que me perdoe eu dizer isso, mas parecia. Feito uma coisa triste, de pau.

Vai à mesa e vira um copo de cachaça.

Mas quando o menino nasceu, aí foi demais. Foi como se ele tivesse nascendo de dentro de mim e rindo de mim. Aí ficou positivo! Antes, era positivo mas também não era! Mas quando eu ouvi aquela criança chorando, aquele choro que mais parecia a voz do pecado de Maria José, que mais parecia a voz da minha vergonha, aí, seu Isaías, foi como se eu tivesse um caititu brabo dentro de mim, me mordendo, me unhando por dentro. Aí eu só queria ver o sangue dela e o sangue do menino. Aí eu bati nela, bati, bati, sem pensar no resguardo dela, nem nada. Ela pegou o menino assim, ficou me olhando e me disse: "Mate! Mate! Acabe logo com essa agonia!". Aí a comadre foi levando ela e eu fiquei com essas mãos paralisadas, olhando elas sem poder me mexer. Fiquei assim, igual sem pensamento.

ISAÍAS GRANDE

Você não vai poder nunca mais voltar para Maria José, Francisco. Isso é o que é mais triste. Porque ela não tem culpa, mas você também não tem.

FRANCISCO DE PAULA

Que é que eu vou fazer da minha vida, seu Isaías?

ISAÍAS GRANDE

Não sei. Não sei o que lhe diga. Talvez fosse melhor você arrumar suas coisas e ir embora. Trabalho por aí não falta. (*pausa*) É. Acho que é o melhor. Ir embora. Porque o seu caso não tem remédio não. Você não vai ter coragem de viver com Maria José por causa do menino. E se ela deixar o menino por sua causa, ela também não vai poder viver com você não, porque ela vai ficar pensando. Filho é danado. É feito se fosse a carne da gente, só que com mais sofrimento.

FRANCISCO DE PAULA (*a voz perplexa*)

    E deixar ela...

ISAÍAS GRANDE

    É. Deixar ela. No começo vai ser duro. Mas depois, a vida se encarrega de lhe fazer esquecer. Ainda mais que ela já não é a mesma mulher pura que você teve. Ainda mais que tem o menino. Eu, se fosse você, eu ia embora, ia embora.

FRANCISCO DE PAULA

    Mas... e Maria José?

ISAÍAS GRANDE

    Por enquanto não há problema. Ela está em casa da comadre Jovira, e eu sou parente, eu não vou deixar ela no abandono não. Sempre quis muito bem Maria José. Menina direita, honrada, trabalhadeira. Mas o destino não quer saber dessas coisas não. É feito quando se pisa num formigueiro. Quem tiver debaixo do pé do destino quando ele passa, se não morre, fica aleijado. A gente é pouca coisa. Mas deixe... Enquanto eu for vivo, Maria José tá garantida. Depois, quem sabe se com o correr do tempo essa ferida que você tem não sara, e você volta de coração limpo, feito esses homens que voltam, que voltam perdoando, esquecendo, tendo lástima...

FRANCISCO DE PAULA (*indeciso*)

    Eu vou fazer isso então. Se o senhor diz... O senhor sabe melhor que eu...

    Senta-se e põe a cabeça entre as mãos.

ISAÍAS GRANDE (*pondo-lhe a mão no ombro*)

    Quando um homem já não sabe mais, Francisco, a única coisa que ele tem de fazer é ir embora. Vá. Esqueça, se você puder. A mulher não é mais só sua. Agora ela é sua e... de Deus. (*pausa*) Eu vou até comadre Jovira para espiar como vai tudo.

    Sai deixando Francisco de Paula na mesma posição.

TREVAS

CENA 2

A pracinha. Jovira está enchendo uma lata de água. Isaías Grande vem chegando, com seu irmão João Grande.

ISAÍAS GRANDE
>   Tarde, comadre.

JOVIRA
>   Tarde, seu Isaías. Tarde, João.

ISAÍAS GRANDE
>   Como vai meu afilhado?

JOVIRA
>   Cada dia mais arteiro, seu Isaías. Agora começou o colégio.

ISAÍAS GRANDE
>   Até que foi bom me lembrar. Prometi uma merendeira pra ele. Quero dar, gosto do menino. Esse menino vai longe. Muito cheio de disfarce.

JOVIRA
>   Xi! O senhor nem imagina como a professora tá *sastisfeita* com ele... O que tem de travesso, tem de aplicado. Só tira nota boa. (*a lata se enche, ela a coloca na cabeça, depois olha curiosamente os dois homens; João Grande, meio confuso, aproveita para beber água na concha da mão*) Quer saber de Maria José, quer? Pois eu lhe digo. Ninguém sabe o mal que fizeram a essa menina. Ninguém. Ontem ela me olhou e disse assim: "Dona Jovira, eu quero lhe agradecer muito o que a senhora fez por mim, mas eu vou-me embora com o menino". Depois ela pegou o menino, me olhou mais uma vez, e saiu. Eu fiquei tão assim que nem disse nada. Por causa da dor que ela tinha no olhar. Nunca vi dor tamanha. Depois ela saiu e, eu lhe juro, eu não tive ânimo de dizer nada para ela. Fiquei vendo só ela ir por aquele caminho entre aqueles barracos, de vez em quando dobrava a cabeça para olhar o menino, e aí apressava o passo assim. Foi ficando pequenina, pequenina, feito uma coisinha de Deus, até que sumiu.

ISAÍAS GRANDE (*tristemente surpreendido*)
>   Não me diga, comadre...

JOVIRA
>   Pois é. Foi o que *fizeram* com ela.

JOÃO GRANDE
>   Para onde ela foi, dona Jovira?

JOVIRA

    Eu é que sei? Como é que ninguém pode saber para onde é que vai uma mulher que o marido enxota ela de casa? Ocê sabe, João? O senhor sabe, seu Isaías? Eu acho que nem Deus sabe...

ISAÍAS GRANDE (*olhando na distância*)

    É. Eu não esperava outra coisa dela. Eu tava querendo me enganar, mas no fundo eu sabia. Um dia, ela era menina, na pior seca, a gente de mudança para Aracaju porque já não tinha mais nada que fazer, e ela entrou comendo um pedaço de broa. E aí chegou Morena, uma cachorra que tinha lá e que tava parida e ficou espiando ela comer, com aquele olhar triste de fome e amizade que cachorro tem quando vê o dono comendo. Eu estava observando Maria José para ver o que ela ia fazer, mas a verdade é que eu já sabia. Primeiro ela cortou a broa em duas e já ia jogar o outro pedaço pra Morena quando de repente ela jogou os dois pedaços — assim. E entrou pra dentro de casa, j'ouviu. E ficou muda toda a viagem, olhando só aquela seca toda, e aquelas ossadas de gado, e aqueles retirantes que a gente encontrava. E os urubus. Parecia até que estava se distraindo de ver os urubus rondando por ali tudo atrás de carniça. Menina muito feito uma coisa que não tem mais. Muito conforme.

JOÃO GRANDE

    Coragem ela tem. Não é por ser minha sobrinha não. Coragem ela tem. Foi mesmo azar.

JOVIRA

    Ocê chama azar, João Grande, o que o tio do Chico fez com ela, chama? Eu não chamo não. Eu chamo de pouca-vergonha, de maldade, de frio na alma. Tá certo homem procurar mulher, a gente é para isso mesmo. Mas tudo tem um limite.

JOÃO GRANDE (*exaltando-se*)

    Eu queria ter esse velho da peste no alcance da minha peixeira... Ah, velho safado... Não era por ser velho que ele ia escapar não... Fazer isso com a minha sobrinha!

ISAÍAS GRANDE

    Não adianta nada falar. Seu Tomé de Paula tá longe. Melhor esquecer. Ninguém pode com o destino não. O destino é mais forte que qualquer homem. (*vendo João Sebastião que se aproxima*) Vam'bora, João.

Uma nordestina velha, de xale negro à cabeça, passa lentamente, pitando um cachimbo de barro e apoiada a um bastão. Ela olha várias vezes, em seu percurso, para os homens que conversam, sempre meneando a cabeça e rezingando umas coisas incompreensíveis. Depois sai.

JOÃO GRANDE
Eu fico.

ISAÍAS GRANDE
Vam'embora, já disse...

JOÃO GRANDE
Eu não vou dar parte de fraco não!

ISAÍAS GRANDE (*imperativo*)
Vamos, já disse!

Pega-o pelo braço e sai com ele.

JOÃO SEBASTIÃO (*trocadilhando para Pernambuco, postado em sua tendinha*)
Dois Grandes para um pequeno... E ainda saem assim... Eu não queria fazer mal para eles não, não é mesmo, dona Jovira? (*em tom debochativo*) Com vai a "senhora" de tio Tomé?

JOVIRA (*saindo com sua lata na cabeça*)
Ocê devia ter mais respeito, João Sebastião. Nem que fosse pelo santo do seu nome.

Sai.

JOÃO SEBASTIÃO (*rindo*)
Homes! Xentes! Que é que eu fiz, hein, Pernambuco?

PERNAMBUCO
Deixe essa gente quieta, Bastião! Já nã chega está tudo brigado? Deixe cada um com sua vida... e venha cá tomar uma bicada. (*João Sebastião aproxima-se. Pernambuco serve-o*) Parece que tá tudo ruim dá cabeça, xentes! O melhor é aproveitar a vida enquanto é tempo.

JOÃO SEBASTIÃO
Essa gente não é de nada, não. Se fosse, já dava tempo de dar tudo em Bom Conselho, e tio Tomé debaixo de sete palmos de terra com uma cruz em cima. (*bebe*) Mas antes disso, tio Tomé já tinha rasgado os dois de alto a baixo, porque tio Tomé não é de brinca-

deira não. Tio Tomé é homem pro que der e vier. (*pausa*) Que é que eles tavam aí de manigância com essa bruxa aí, eh, Pernambuco?

PERNAMBUCO (*sonso*)

Nada. Tavam só falando.

JOÃO SEBASTIÃO

Falando o quê, hein? Diga logo, velho!

PERNAMBUCO

Falando umas coisas.

JOÃO SEBASTIÃO

Que coisas, diga, diga...

PERNAMBUCO

De dona Maria José.

JOÃO SEBASTIÃO

Pode tirar o dona. Essa não é mais dona de nada não.

PERNAMBUCO

Eles tavam falando... Dona Jovira tava dizendo que Maria José deu no pé...

JOÃO SEBASTIÃO (*surpreso*)

Deu no pé?

PERNAMBUCO

Deu no pé. Pegou no menino e deu no pé.

JOÃO SEBASTIÃO

E aquela póia de bosta que eu tive a infelicidade de ter por irmão deixou ela ir assim?

PERNAMBUCO

Que é que ocê queria que ele fizesse? Ela fugiu, saiu andando, caiu no mundo!

JOÃO SEBASTIÃO

Bem feito para não ouvir o que eu — seu irmão mais velho — e os primos dele dissemos para ele. Devia ter matado ela primeiro. Assim ficava com a consciência tranqüila. Agora bem feito! Vai ter a mulher puta duas vezes. A primeira com o tio Tomé e agora com quem quiser. (*entra Zefa*) Porque isso é o que ela queria: ela queria era vir para o Rio de Janeiro para ser rapariga. Pensa que eu não sei... Eu bem que nunca fui com a cara dela. Uma cara de mulher disfarçada... Bem feito para aquele cabrão aprender como é que se trata mulher. Mulher tem que ser tratada no relho, porque só tem um pensamento na cabeça — abrir as pernas e dar a "perseguida" pro primeiro que pedir. Bem fiz eu que nunca me casei! (*mudando de tom*) Mas também, quando chego em Bom Conselho, pergunte pra Crisanto: aquelas rameiras de lá ficam igual um galinheiro quando entra galo novo. Um divertimento! E você quer saber duma coisa, Pernambuco: (*baixa um pouco a voz*) olhe aqui, não é pra me gabar não, mas minha cunhada andava de parte comigo. eu lhe juro. Andava de coisa. Um dia se encostou toda em mim assim como quem não quer, e eu fui saindo porque eu não gosto dessas confianças comigo... Taí no que deu. Bem feito!

> Bebe de um só gole, com jactância, como para se afirmar dentro da própria mentira. Zefa, uma prostituta nordestina da favela, deixa-se a encher sua lata, ouvindo a conversa.

PERNAMBUCO (*imparticipante, mas gozador*)
Veja! Tem de tudo neste mundo! Isso é que ainda é bom. Se todo mundo fosse corajoso, não ia ter nenhum covarde pra contar a história... Se todo mundo dissesse as coisas direito, como é que a gente ia se distrair ouvindo uma mentirinha ou outra... Não é mesmo, Bastião?

JOÃO SEBASTIÃO (*sem entender, e já meio alto*)
Pois então eu não sei... Pois então eu não sei...

ZEFA (*indo até a tenda e batendo com a mão no balcão*)
Salte uma, seu Pernambuco. (*bebe de um só gole, com uma careta, e pede mais*) Olhe aqui, Bastião, eu não tenho nada com isso não, mas eu ouvi o que ocê tava dizendo. Ocê tá com a razão. A gente feito eu, que só faz bem aos homens, dá prazer, dá divertimento, a gente apanha, a polícia prende, chamam a gente de puta e tudo o mais. E por quê? me diga. Porque a gente tem uma profissão honrada, ganha o seu dinheiro dando pros homens o que eles precisam. Tá direito? Num tá não! Essa sua cunhada é mais puta do que eu ou do que qualquer uma, porque essa enganou o marido dela quando ele tava longe e tinha vindo procurar trabalho pra sustentar ela mais o filho. (*bebe mais*) E ainda mais com o tio do marido! Homes vou-te! Numa assim eu nunca ouvi falar não! Me dá até uma coisa! Eu se fosse ocês, se juntava tudo e tirava o couro dela, porque isso é mulher que não vale nada.

JOÃO SEBASTIÃO (*para Pernambuco*)

Eu não tou lhe dizendo? Até uma rameira dessas é melhor do que Maria José. Muito bem dito, Zefa! Tome mais uma e deixe por minha conta! Gostei do que ocê disse! Tá direito! É isso mesmo!

> Zefa toma mais uma, limpa a boca com as costas da mão, põe a lata d'água na cabeça e sai. Chegam Crisanto, Cristino e Cristóvão, de semblante fechado. A nordestina velha, de xale negro à cabeça, passa lentamente de novo apoiada a seu bastão. Ela olha os homens reunidos e depois desaparece.

CRISANTO

Já tá na branquinha, hein, primo...

JOÃO SEBASTIÃO

Deixe eu. Tou *sastifeito*. Quer dizer: tou e não tou.

CRISANTO

Por quê, diga...

JOÃO SEBASTIÃO

Maria José...

CRISANTO (*atento*)

Que é que tem?

JOÃO SEBASTIÃO

Capinou...

CRISTINO E CRISTÓVÃO (*quase em uníssono*)

Capinou?

CRISTÓVÃO

Não me diga! E Chico?

JOÃO SEBASTIÃO (*fazendo graça*)

Chico tá com os galhos presos no teto da casa, não pode sair mais não...

> Ri torpemente.

CRISANTO (*com nervosismo*)

Mas que é que foi? Diga, vamos!

JOÃO SEBASTIÃO (*bebendo, a língua ligeiramente trôpega*)

Nada. Ocê não tá sentindo a brisa correr mais limpa? Não vê como a tarde tá mais bonita? Não sente assim o ar mais cheiroso? Pois foi ela que foi embora, primo... Bateu os cascos. Que é que eu sempre disse? Quem é que tinha razão? Ela queria era ganhar mundo...

CRISTINO (*a voz embargada*)

Essa eu não esperava... Saiu assim, limpa, sem uma mancha de sangue. Essa até parece história... Qual o quê, seu menino... Esse mundo assim não vai não... Eh, gente frouxa!

> Pernambuco serve aos homens. Todos bebem. Uma voz de homem canta o samba "Sai de mim" ao cavaquinho. A conversa executa-se sobre a música.

CRISANTO (*fechado*)

Sair assim, deixando o nosso nome sujo! Que homem esse seu irmão Francisco, hein, seu João Sebastião de Paula. Que é que o senhor me diz a isso, hein, seu João Sebastião de Paula?

JOÃO SEBASTIÃO

Pois é, primo. Mas esse não é mais meu irmão. Esse eu cuspo na cara. Esse não merece nem viver, quanto mais o nome que tem. Esse é uma porcaria ambulante que anda por aí pior que um mascate, e que um dia há de sucumbir de tanta vergonha, tão certo como Deus estar céu.

CRISTÓVÃO

Porquera...

CRISANTO (*ferozmente*)

A gente tem de fazer alguma coisa. Se não pagar ela, que pague a raça maldita dela. Eu não quero ficar com o meu nome sujo por causa dessa rameira sua cunhada e sobrinha de seu Isaías Grande e João Grande. Eu não quero. Eu sou homem de brio. Alguém tem de pagar por isso!

JOÃO SEBASTIÃO (*puxando a peixeira*)

Vamos lá!

CRISANTO

Espere. Vamos conversar primeiro. Isso tem de ser feito na limpeza. Seu Isaías Grande é um homem que eu respeito, tirante o nome. Nós vamos...

> Nesse momento entra, gritando, Jovira, a mulher de pouco antes. Ela pára diante dos homens.

JOVIRA (*para João Sebastião*)

Bastião, Bastião! O Chico tomou formicida. Tá morrendo! Tá morrendo!

CRISANTO

    Deus te livre! Onde?

> João Sebastião sai correndo. Todos rodeiam Jovira para saber, falando ao mesmo tempo. Ela conta, a respiração entrecortada.

JOVIRA

    Lá, no barraco dele! Seu Isaías tá lá com ele.

PERNAMBUCO

    Virgem Nossa! E ele comprou o formicida aqui na minha tenda! Eu ainda perguntei pra que é que ele precisava, e ele me disse que tava com muita formiga em casa!

JOVIRA

    Pois é! Ele tá estrebuchando assim, e seu Isaías tentando fazer ele devolver: mas tá com um jeito ruim...

CRISANTO (*para os outros*)

    Vamos lá!

CRISTÓVÃO

    Vamos!

PERNAMBUCO (*para um moleque*)

    Ô Tintura! Toma conta aqui um instante que eu tenho de sair.

> O menino acorre. Os outros saem.

O MENINO

    Posso comer um chiclete?

PERNAMBUCO

    Pode! Mas um só, viu!

O MENINO (*dando um pulo de alegria*)

    Oba!

> Saem todos precipitadamente.
>
> TREVAS

CENA 3

A mesma da Cena 1. Quando os homens chegam, seguidos de Jovira, Isaías Grande e João Sebastião estão debruçados sobre o corpo de Francisco de Paula estendido numa enxerga. O rapaz acabou de morrer e Isaías fecha-lhe os olhos. No chão, os cacos de um copo e um resto de líquido derramado. Todos param interditos. Isaías Grande deixa-se estar de costas, mirando o corpo, sem parecer dar pelos recém-vindos.

ISAÍAS GRANDE

    Que Deus tenha a sua alma...

> A nordestina velha, envolta em seu xale negro, assoma à porta e fica olhando.

JOVIRA

    Amém!

ISAÍAS GRANDE (*voltando-se e dando com os circunstantes*)

    Ele morreu...

JOÃO SEBASTIÃO (*atordoado*)

    Chico morreu...

ISAÍAS GRANDE (*olhando a todos, como sem ver ninguém*)

    Não deu tempo. Quando eu falei pra ele que Maria José tinha ido embora, ele levantou assim, foi lá dentro e, quando voltou, já tava bebendo o veneno. Nem pôde acabar. Sentou junto da mesa, a mão na boca do estômago e os olhos que pareciam que iam pular. Mas não deu um gemido. Foi caindo assim...

> Jovira aproxima-se do cadáver de Francisco. Faz o sinal-da-cruz e, depois de ajoelhar, reza uma ave-maria em voz alta. Os homens conservam-se de cabeça baixa e repetem, no final, o "amém", persignando-se. No meio da reza chega João Grande, que, vendo a cena, aproxima-se de Isaías Grande, que lhe conta tudo em voz baixa. Ele persigna-se também. Ao terminar Jovira diz:

JOVIRA

    Preferiu o sossego...

> Deixa-se rezando em voz baixa. Os homens se entreolham, interditos.

CRISANTO (*quebrando o silêncio*)

    Eu não tenho lástima, não...

ISAÍAS GRANDE (*olhando-o*)

    Ocê não tem lástima de nada. Seu coração é duro como o de seu tio Tomé de Paula, o causador de toda esta desgraça...

> Os irmãos, instintivamente, se agrupam. João Sebastião olha interdito por um momento, depois aproxima-se do grupo formado pelos De Paula, enquanto João Grande aproxima-se de Isaías Grande.

CRISANTO

    Olha aqui, seu Isaías Grande. Com todo o respeito que lhe é devido, Chico de Paula devia de morrer, mas não era assim não. Ele devia morrer na ponta da peixeira de um homem, porque isso que ele fez é muito fácil. Ele devia de ter matado Maria José pra limpar o nome dele e o nosso nome, e depois, se fosse homem, devia voltar pro sertão e ajustar contas com tio Tomé. Porque isso é que é de homem. E aí é que ele ia encontrar o sossego, na ponta da peixeira de tio Tomé, porque tio Tomé dava cabo da raça dele, que tio Tomé é homem pra quatro...

JOÃO GRANDE (*avançando*)

Retire o que disse!

CRISANTO (*medindo-o de alto a baixo*)

Não retiro. Tudo o que eu disse fica dito. E quem for homem que venha fazer eu me calar...

ISAÍAS GRANDE (*detendo João Grande que quer avançar*)

Não. Aqui não. Respeitem os mortos. (*para Crisanto*) Ouça aqui, menino. Você não sabe o que está dizendo, j'ouviu! Você sabe menos o que está dizendo que aquele morto que está ali sabia o que estava fazendo. Tudo isso é loucura, é desesperação! Não me façam isso pelo amor de Deus! Chega de morte, chega de desgraça! Eu vim aqui para trabalhar e para encontrar sossego, ocês compreendem? Sossego! Me deixem em paz pela estima que vocês tinham à finada dona Candinha, mãe de ocês, que não criou vocês para estarem se matando uns aos outros, vocês ouviram! Me deixem em sossego!

> João Grande olha-o assombrado. Os irmãos De Paula, Crisanto sobretudo, miram Isaías Grande com uma indisfarçada surpresa e depois desprezo.

CRISANTO

Tá bem, seu Isaías. A gente deixa o senhor ter o sossego que o senhor quiser. Mas deixe aqui que eu lhe diga: isso que o senhor tá fazendo, eu não esperava do senhor não. Isso não é de homem.

> João Grande quer novamente atirar-se contra o outro, mas Isaías Grande o detém.

ISAÍAS GRANDE

Sua opinião pouco me interessa. Nem a esse morto que está aqui. Agora saiam todos!

> Os homens saem, empurrando brutalmente a nordestina velha que está à porta. Dentro de um instante, Crisanto volta.

CRISANTO (*chegando bem perto de Isaías*)

Olhe aqui, seu Isaías Grande. Toda essa conversa pode ser muito boa, mas para mim ela não quer dizer nada não. A conversa lá no sertão é outra. Chico que está ali preferiu a solução mais fácil, não teve vergonha nem coragem para limpar o nome dele e o nosso nome. Mas eu sou homem. E o senhor é homem que eu sei. Isso que o senhor tá dizendo pode fazer sentido pro senhor, mas pra mim não faz não. Ninguém vai ter sossego assim não. Essa vergonha toda, só o sangue pode limpar ela. O senhor tem o nome de Grande, eu tenho o nome de De Paula. Esses dois nomes não podem existir mais dentro do mesmo terreiro não. Eu vou sair e lhe dar cinco minutos. Se dentro de cinco minutos o senhor não estiver diante da Tendinha pra gente resolver isso de homem pra homem, o senhor e João Grande, eu juro que volto aqui e, diante daquele morto, eu cuspo na sua cara e na cara de seu irmão.

> Volta-se bruscamente e sai. Cai um silêncio mortal sobre tudo até que uma voz feminina, em algum ponto da favela, começa a cantar o "Lamento de Dalva". Isaías Grande baixa a cabeça, depois sacode-a repetidas vezes e finalmente crispa os punhos, devagar.

ISAÍAS GRANDE

Não podia ser... Tanta coisa boa junta não podia ser... Maria José com Francisco, Inacinho crescendo, a gente trabalhando, a casa da variante, a oficina... Não podia ser... Ninguém tem direito a tanta felicidade...

JOÃO GRANDE

Vamos, Isaías, senão eu vou sozinho...

ISAÍAS GRANDE (*crescendo o tom, à medida*)

Vamos. Se é o que eles querem, se é o que eles estão querendo, sangue, morte, então vamos, que eles vão ter o que estão querendo! (*voltando-se para Jovira, depois de apanhar um punhado de dinheiro no bolso*) Olhe aqui, minha comadre: cuide do enterro de Francisco, j'ouviu! E reze por ele e por Maria José. Por mim não reze não, que eu não vou me tornar num assassino...

> A canção prossegue plangente, ao longe. Isaías Grande pega a sua peixeira e a coloca no cinto, João Grande verifica se a sua está no lugar, e, depois de um último olhar para o morto, ambos saem.

TREVAS

CENA 4

A Tendinha. A notícia já se espalhou, de que os homens vão lutar, e uma pequena multidão de curiosos se aglomera por ali. Várias pessoas bebem, comentando *ad lib*. A nordestina velha acha-se encostada ao balcão de Pernambuco, tomando uma cachaça.

JOÃO SEBASTIÃO (*bebendo*)
>Aposto como seu Isaías não vem. Mais fácil João vir. Aquele velho não é de nada...

CRISANTO (*para Pernambuco*)
>Quantos minutos, velho?

PERNAMBUCO
>Falta um minuto só...

CRISANTO
>Aquele velho! Será que ele não vem? Ele tem de vir! Seu Isaías não é disso...

CRISTÓVÃO (*afiando a peixeira numa pedra*)
>É. Não é disso, mas largou o sertão pra não matar o coronel Cantídio que ofendeu ele na pior coisa que se pode ofender um homem...

CRISANTO
>Mas é diferente... O coronel Cantídio tinha antes protegido seu Zé Luís e dona Candinha, todo mundo sabe disso. Seu Isaías se sentiu mal e preferiu dar no pé pra não ter de matar ele. Eu tinha matado de qualquer maneira...

PERNAMBUCO
>Faltam só trinta segundos...

CRISANTO (*ingerindo a sua cachaça de um só gole*)
>Vamos lá!

>>Vai sair quando chegam Isaías Grande e João Grande. Os homens param e se defrontam.

ISAÍAS GRANDE (*para Pernambuco*)
>Me vira duas aí, Pernambuco...

>>Pernambuco serve. Faz-se um grande silêncio. Isaías Grande e João Grande vão até a Tendinha e pegam os copos. A cantiga prossegue, na distância.

ISAÍAS GRANDE (*erguendo o copo em direção aos inimigos*)
    À saúde de quem morrer...

        Vira o copo e saca a peixeira. João Grande imita-o.

ISAÍAS GRANDE (*com um duro gesto inquisitivo*)
    Quem vai ser o primeiro?

CRISANTO (*sacando a peixeira*)
    Eu e... (*olha em volta*) e João Sebastião. João Sebastião é irmão de Chico, mas tá do nosso lado!

JOÃO SEBASTIÃO (*a voz pastosa de bebida*)
    Tou...

ISAÍAS GRANDE
    Preferia um menos frouxo...

    Isaías Grande olha bem para ele, depois para os outros, e de repente desata numa enorme gargalhada. Os quatro homens olham-se interditos e logo depois, com fúria incontida, investem contra ele, a peixeiradas. Isaías Grande num salto ágil afasta João Grande dele num repelão e se põe a salvo. Os homens retrocedem e começam a mover-se felinamente, procurando a ocasião para encaixar um golpe. Isaías Grande, de súbito, começa a cantarolar o "Quara-qua-quá", meio entre dentes. De repente, novo encontro, num feixe de homens que logo reflui. João Sebastião sobra, com um horrível corte no pescoço.

JOÃO SEBASTIÃO (*caindo e ao morrer*)
    Velho da peste! (*morre*)

    Isaías Grande salta sobre uma e outra perna, com uma agilidade imprevista. Depois de um silêncio recomeça a cantarolar. Novamente os três restantes desabam sobre os dois irmãos. João Grande fere Cristóvão com uma facada certeira, mas ao voltar-se é atingido nas costas, com enorme fúria, pela peixeira de seu próprio irmão, Isaías Grande, que corta a torto e a direito. Os dois homens caem, um sobre o outro, e continuam a lutar no chão. Finalmente, Cristóvão acaba com João Grande e caído sobre ele morre também. Isaías Grande continua a sua dança fantástica em volta de Crisanto e Cristino, sempre cantarolando. Novo embate, Crisanto atinge Isaías Grande, mas não mortalmente. Os homens estão cobertos de sangue, e parecem feras a se espreitar, a fluir e refluir no corpo-a-corpo, quando se cortam ferozmente. O silêncio é total entre a multidão. Somente a cantilena e a voz de Isaías Grande que, em meio à orgia de sangue, cantarola como um possuído, quase docemente, o "Quara-qua-quá". Súbito, novo embate. Isaías Grande fere Cristino mortalmente. O homem cai estorcendo-se e morre.

ISAÍAS GRANDE (*cantarolando*)

    Agora você, cabra safado...

    Investe cegamente. Os dois homens golpeiam-se horrível, cegamente. Depois, com uma ágil peixeirada de baixo para cima, Isaías Grande atinge Crisanto. Ele o levanta até o alto, com o poder de seus braços, a peixeira encravada até o cabo na barriga do inimigo, então solta-o como se fosse um fardo.

ISAÍAS GRANDE (*caindo sobre um joelho depois do esforço*)

    Era o que você queria, não era, Crisanto de Paula?

    Olha com um olhar terrível a multidão em volta, coberto de sangue, a peixeira em riste. Passa a mão no rosto cortado, limpando-se do sangue que lhe escorre, e olha os cadáveres à sua volta, batendo por duas ou três vezes com os braços contra o corpo, em sinal de desespero. Depois vai saindo, trôpego, por entre o casario.

ISAÍAS GRANDE (*gritando para a distância*)

    Agora você, Tomé de Paula!

    Ouve-se sua voz que se afasta, às vezes cantarolando o "Quaraqua-quá" com uma expressão terrivelmente dramática e logo depois, já mais longe:

ISAÍAS GRANDE (*a voz bem distante*)

    Agora nós, Tomé de Paula!

    A multidão não se move. De súbito, a nordestina velha, envolta no xale negro, surge do meio de um grupo e se aproxima do proscênio. É a Morte. Ela pisa horrorizada entre os cadáveres, enquanto se eleva o coro de lamentações das mulheres presentes, que deve se intercalar com a sua tirada final.

CORO — PRIMEIRA MULHER

    Foi a terra que secou...

CORO — SEGUNDA MULHER

    Foi o leite que secou...

CORO — TERCEIRA MULHER

    Foi o choro que secou...

CORO — QUARTA MULHER

    Foi a fome do menino...

CORO — PRIMEIRA MULHER

    Foi a seca...

CORO — SEGUNDA MULHER

    Foi o destino...

CORO — TERCEIRA MULHER
>Não! Foi o abandono...

CORO — QUARTA MULHER
>O abandono daquela gente...

CORO — PRIMEIRA MULHER
>A pobreza, a tristeza...

CORO — SEGUNDA MULHER
>O martírio do nordestino...

CORO — TERCEIRA MULHER
>Um menino morrendo de fome...

CORO — QUARTA MULHER
>Um homem com fome de mulher...

CORO — PRIMEIRA MULHER
>Uma mulher que não tem outro jeito...

CORO — SEGUNDA MULHER
>O marido longe, ela sozinha...

CORO — TERCEIRA MULHER
>Na seca, tudo seco, a terra, o céu, o leite...

CORO — QUARTA MULHER
>Foi o coração dos homens que secou...

A MORTE (*pisando horrorizada por entre os cadáveres, naquele mar de sangue*)
>Não são homens! São feras! São feras! Não é assim que eu queria não! São eles que vêm me buscar, essas feras! Eu não queria que fosse assim não, eu não tenho nada a ver com isso não. Eu queria é que as pessoas acabassem como um fogo, porque é assim que é direito. Mas essas feras não me dão sossego, eu não tenho mais sossego, é só gente a se matar, a matar os outros, a querer sangue, a querer morte! Eu não posso mais! Eu não agüento mais! É trabalho demais para mim! Não precisava ser assim não! Eu queria que as pessoas vivessem e fossem acabando como um fogo, até sua própria cinza. Não precisava ser isso não, essa chacina, esse sangue! Não são homens.
>
>>SÃO FERAS!
>>SÃO FERAS!

O pano vai caindo sobre esta tirada da morte, enquanto ao longe termina a cantilena e se ouvem, cada vez mais distantes, os gritos de Isaías Grande partindo para matar Tomé de Paula, o último remanescente da sua vingança agora inevitável.

CORTINA

Petrópolis, domingo, 10 de abril de 1961
Duas e meia da madrugada

POBRE MENINA RICA

SONHO BOM*

De todos os modernos compositores brasileiros, sem distinção entre populares e eruditos, Carlos Lyra é o que me parece mais bem aparelhado para escrever música para teatro. E não foi à toa que eu — depois de ouvir e mais ouvir um excelente conjunto inédito de sambas e canções que o meu querido parceirinho deixara em meu gravador, aí pelos meados de 1962, para que eu neles pusesse letras — dispus-me firmemente a resgatá-los de se tornarem mais um LP lançado ao comércio, do qual resultariam, com um pouco de sorte, dois ou três sucessos, e olhe lá. Diante da particular intercomunicabilidade das músicas, do elemento teatralizável de suas harmonias, de sua expressão modularmente cênica, com as melodias como a pedirem personagens que as materializassem em sentimentos e desejos, não havia como hesitar. Em dois ou três dias nascia a história da Pobre Menina Rica que se apaixona pelo Mendigo-Poeta, num terreno baldio da cidade, onde um curioso grupo de pedintes vive feliz dentre um sistema bastante sui generis. E em cerca de duas semanas de trabalho constante, a dois, tínhamos dois terços das canções feitas e aprovadas. Tratava-se apenas de ligá-las com diálogos e danças, e viva a primeira comédia musicada brasileira em grande estilo! Um sonho por demais bom, e que duvido algum compositor sem deformações de erudição não tenha jamais sonhado.

E é aí que entra Aloysio de Oliveira. Aloysio é um homem terrível. Em setembro de 1962, estando eu posto em sossego — eu que jamais houvera cogitado em pisar como showman um palco de boate —, chega Aloysio e nos joga a Antônio Carlos Jobim, a João Gilberto e a mim, com a participação especial de Os Cariocas, num show que realmente pegou a cidade de surpresa, e conseguiu reinventar o movimento da

(*) Texto montado a partir de duas versões conservadas por Vinicius. O título foi atribuído pelo organizador. (N. O.)

bossa nova, diante da sua repercussão nacional e internacional. Seis meses depois, sem medo de repetir um artista (no caso, eu) num tão curto intervalo, Aloysio, sabedor do projeto da *Pobre Menina Rica*, repete o feito: um trailer do primeiro ato da peça, num experimento inteiramente inédito no Brasil e creio que no mundo, em matéria de show.

As luzes da boate Au Bon Gourmet se apagavam, nós entrávamos pé ante pé, quase em trevas totais. Eu ia sentar-me à minha cátedra improvisada, onde, o texto em mão, esperava, como quem espera o tiro de uma 45, o foco de luz que incidia sobre mim. O conjunto atacava suavemente a "Marcha do amanhecer", eu pegava discretamente o copo de uísque que tinha à mão, tomava *aquele* gole e começava: "Imaginem um grande terreno baldio contra o panorama tentacular da cidade ao longe...".

Ao lado sentia a torcida de meus dois companheiros de show: Nara Leão, no papel da Pobre Menina Rica, e Carlinhos Lyra, no do Mendigo-Poeta. E durante cinco semanas a mocidade carioca e de outros estados, que nunca deixara de nos prestigiar, desde as primeiras raízes do movimento da bossa nova, comparecia diariamente para nos ver. Não há de minha parte, nem creio que da parte de Carlos Lyra, nenhuma vaidade, senão orgulho e satisfação, no reconhecimento desses fatos. A nossa comédia musicada, cujo libreto está atualmente no capricho, num futuro não superior a um ano, quando as minhas funções de funcionário do Brasil no exterior o permitirem, estará pronta para ser encenada.

Roma, novembro de 1963

[Não se sabe ao certo o motivo pelo qual Vinicius não concluiu o seu musical. Mas certamente sua atribulada vida afetiva contribuiu bastante para isso. Enquanto escrevia a comédia, começa a namorar Nelita Rocha, versão carne-e-osso da Pobre Menina Rica, e diante das dificuldades com a família dela, resolve seguir com seu novo amor para a Europa, onde tentou, sem resultado, retomar o trabalho. Terminara apenas o texto do trailer, que ele mesmo havia narrado no show da boate Au Bon Gourmet e que depois Napoleão Moniz Freire leria na Maison de France, substituindo o poeta que se refugiara em Paris. O texto que segue é uma tentativa de reconstituição do trailer, feita a partir das versões conservadas por Vinicius, por Carlos Lyra, e do texto estampado na contracapa do LP *Pobre Menina Rica*, gravado em 1972 por Carlos Lyra, Dulce Nunes, Moacir Santos, Catulo de Paula e Thelma, com direção musical de Radamés Gnatalli, para Discos CBS.]

TRAILER

Imaginem um grande terreno baldio carioca entre fundos de arranha-céus contra o panorama tentacular da cidade ao longe. Nesse baldio, a miséria e essa necessidade tão grande (e tão pouco praticada) que tem o ser humano de se comunicar reuniram uma estranha comunidade numa forma de sociedade bastante sui generis: uma comunidade de mendigos que, sob a liderança de um Mendigo-Chefe, parte todas as manhãs para o trabalho de pedir esmolas que reverterão a uma caixa comum. São mendigos de várias cores e procedências e que, dentro de um mundo que não só os criou como aceita com indiferença o fato de sua existência, encontraram essa curiosa forma de viver em sociedade e se auxiliar mutuamente.

Agora imaginem a madrugada começando a raiar sobre os miseráveis casebres improvisados com madeira de caixotes, barro, lataria, tudo enfim que constitui o material de construção dos párias. Imaginem ouvir o entrechoque das garrafas de leite que o leiteiro começa a depositar nas portas dos edifícios dos mais bem aquinhoados. Imaginem as janelas de serviço começando a se abrir e as empregadinhas aparecendo nas áreas de fundo para dar início ao labor cotidiano. Imaginem ouvir o contracanto de todas essas vozes entoando a "Marcha do amanhecer". É a hora em que acorda Carioca, o Mendigo-Chefe: um crioulo todo grande, todo gótico, de pé 44 e dentadura cintilante. Imaginem ele saindo do seu casebre com sua perna de pau que em nada o invalida nem para o amor, nem para o samba. Lá vem ele, saindo felino como um leopardo negro, afastando o mar invisível do espaço com os remos dos braços, como que apoiado no ar. Ah, que preguiça acordar... A noite foi boa, no colo quente de Maria-Moita, sua companheira. Carioca canta a canção do seu despertar para um dia novo, enquanto Maria-Moita prepara o café e os demais mendigos começam a acordar também.

CARIOCA, acompanhado de Coro, canta "Samba do Carioca" (v. p. 228)

Há alguém que durante a canção observa de longe atentamente. É um mendigo novo que chega, ninguém sabe de onde, com sua roupa em farrapos, e um violão a tiracolo. Trata-se de um boa-pinta terrível, cujo charme e dignidade se destacam mesmo de sua pobre indumentária. Seu olhar é o dos homens que alcançaram a própria verdade, ao mesmo tempo destemeroso e nobre. Ele se aproxima do casebre onde Carioca, ao lado de sua companheira Maria-Moita e uns poucos mendigos, distribui as ordens do dia. Ele, o poeta, é o artista, o elemento que faltava àquela comunidade. Mas entrar para ela não era mole não. Muito mendigo já tinha ganho bolinha preta ao pedir inscrição naquele clube.* Carioca pede-lhe que apresente suas credenciais. O Mendigo-Poeta, na sua qualidade de menestrel, de homem que nunca esmolava e que recebia apenas o óbolo que lhe davam pelas suas canções, canta este samba, que é o seu cartão de visita.

MENDIGO-POETA canta "Cartão de visita" (v. p. 233)

Carioca olhou o Mendigo-Poeta, por um tempo não disse nada, aí fez cara de quem duvida, olhou de novo, resolveu e disse: "Tá!". O Mendigo-Poeta tinha sido aceito como novo membro daquela estranha comunidade, que adota um socialismo primitivo para viver. Todos têm que colaborar para um fundo comum, por meio do qual são comprados os mantimentos com que Maria-Moita faz a bóia para todo mundo.

Imaginem agora que num dos mais belos apartamentos da redondeza, ao lado do terreno baldio, mora um lindo broto como um passarinho dentro de uma gaiola dourada. É a Pobre Menina Rica, um fruto dos tempos que correm, com pai antigo, mãe apavorada e irmão primeiro da classe. É triste dizer, mas ela acha a própria família profundamente chata. A *jeunesse dorée* que a freqüenta e com quem ela vai a festinhas e ao banho de mar no Castelinho deixa-a perfeitamente isenta. Ela sonha um amor lindo nos braços de um homem verdadeiro que nunca vem. É essa Pobre Menina Rica que, de sua sacada, canta sua tristeza e solidão, ao ver voar um passarinho em liberdade.

(*) Alusão ao peculiar processo de seleção para ingresso no Country Club do Rio de Janeiro, o mais sofisticado e o mais disputado pelos novos-ricos, que, quando não ganham bola preta, vêem confirmadas suas pretensões de freqüentar a sociedade carioca. (N. O.)

POBRE MENINA RICA canta a canção "Pobre Menina Rica" (v. p. 237)

Mas eis que o Mendigo-Poeta fica siderado. É a Pobre Menina Rica que volta da praia num biquíni exíguo, a mostrar quase todas as suas graças de broto em flor. Ele não resiste e faz: fiu-fiu. A Pobre Menina Rica pára estupefata. Nunca, em sua vida, tinha ela visto tamanha ousadia. Um vagabundo daquela espécie assobiando para ela! Aquilo era demais. Ela dá uma tremenda bronca no Mendigo-Poeta, que sorri com displicência, como que inteiramente superior a todos aqueles desaforos. Quando ela vai saindo, o Mendigo-Poeta canta logo essa marchinha de gozação que a faz estacar chocadíssima: a audácia!

MENDIGO-POETA canta "Broto triste" (v. p. 239)

Mas a natureza feminina tem razões que a razão desconhece. A marchinha em que a Pobre Menina Rica se vê tão cruamente retratada faz com que ela se interesse muito mais do que poderia supor pelo Mendigo-Poeta. Sem saber como, ela começa a amá-lo. E ele, penetrado da graça da Pobre Menina Rica, não tira mais os olhos da sua janela. Começa a nascer entre ambos um namoro, o chamado namoro a olho, que cria raízes no coração. Um dia, enclausurados no seu amor, manifestam seu profundo langor de amar e a necessidade que têm os seres amados de comunicar-se com a chegada da primavera.

MENDIGO-POETA e POBRE MENINA RICA cantam "Primavera" (v. p. 246)

Decididamente aquela comunidade tendia a aumentar de população. Ao cair da tarde de um novo dia chega um novo mendigo, tão miserável, tão miserável, que inspira pena aos outros mendigos. É um Pau-de-Arara que resolve, sem mais eira nem beira, na maior dureza do mundo, ver se encontra abrigo no meio daquela gente, sua irmã na miséria. Carioca, o mendigo líder, pede-lhe, como faz sempre, que conte a sua história, que é ao mesmo tempo uma história de miséria e de otimismo, porque o mendigo Pau-de-Arara, apesar das adversidades que enfrentou, não deixa nunca fenecer no seu coração a flor da confiança nos seus semelhantes, uma sadia dose de otimismo com relação ao ser humano.

PAU-DE-ARARA canta e diz o recitativo da canção "Pau-de-Arara" (O comedor de giletes) (v. p. 247)

Mas o acontecimento definitivo que faz a Pobre Menina Rica apaixonar-se irremediavelmente, irresistivelmente, pelo Mendigo-Poeta é uma discussão que ela assiste de sua sacada entre o seu amado e dois outros mendigos. Um, o homem prático na vida, o que acha que a poesia e a música são desnecessárias e que só o trabalho material constrói e dá lucro. E o outro, um mendigo ladrão, que optou pela facilidade do furto. Essa discussão, cuja resposta está no samba que o Mendigo-Poeta canta agora, gama definitivamente a Pobre Menina Rica e o faz crescer a seus olhos, como um verdadeiro herói.

MENDIGO-POETA canta "Sabe você?" (v. p. 242)

O Mendigo-Poeta tomou o elevador, subiu, gostando da aventura. Uma das poucas profissões no mundo em que as pessoas não costumam subir de elevador é a de mendigo. Tocou a campainha e foi a Menina Rica que atendeu. Não disseram uma palavra, eram tão distantes, não tinham nada para dizer. No entanto, aquele dia quando ela olhou o céu, notou que era azul. O tédio da Menina Rica tinha sumido e agora cada objeto possuía sua significação: o amor tinha chegado, após longa espera.

POBRE MENINA RICA canta a "Canção do amor que chegou" (v. p. 243)

Por sua vez a Pobre Menina Rica veio a conhecer Maria-Moita. Simpatizou muitíssimo com o seu jeitão. Uma bela mulata baiana, calada e positiva como o nome indica. Maria-Moita também simpatizou muitíssimo com a Pobre Menina Rica, trocam confidências, e verdade por verdade, conta-lhe sua história que é sua filosofia, neste samba que se segue.

MARIA-MOITA canta a canção "Maria-Moita" (v. p. 236)

Agora começa a acontecer tanta coisa que as canções param um pouco. Num dos edifícios que cercavam o baldio morava uma mulher tão rica que todas as vezes que brigava com o marido jogava pela janela jóias valiosíssimas, querendo demonstrar com isso seu desinteresse pelos valores terrenos. O observador e posteriormente aproveitador daquele insólito fenômeno era um mendigo, ainda não apresentado nesta história, de nome Num-Dô. Num-Dô era pessoa zelosa de seus parcos bens, como sugere o apelido que lhe puseram. Talvez, em outras condições, ele tivesse sido milionário, um magnata, dono de muito mais coisa que Num-Dô sequer podia imaginar. De qualquer modo, ele possuía sua fortuninha dentro de uma mala velha, cuidadosamente escondida no fundo de um cano de esgoto. Muito bem, um dia Num-Dô morreu. A mala foi aberta sob olhares espantados. E todos ficaram quase tão ricos quanto a Pobre Menina Rica.

O terreno baldio ganhou movimentação e nele construíram um edifício quase tão alto quanto o da Pobre Menina Rica. O Mendigo-Poeta perdeu parte do seu título e virou somente Poeta. Neste momento da história, porém, acontece a segunda incoerência da psicologia feminina. A Menina Rica, tão apaixonada, preferia, no entanto, que seu amor fosse pobre. E desamou-o por causa do enriquecimento. Por quê? Nem ela sabia. Nem o Mendigo, nem o Poeta, que então canta a sua desventura.

POETA canta "A minha desventura" (v. p. 253)

Talvez, na realidade, essa história terminasse aqui. Mas é preciso que ela tenha um epílogo, mesmo que nenhum de nós acredite nele. Deixemos que o Poeta dispa suas vestes de rico e, como Mendigo, apareça diante de sua amada e com ela faça as pazes. Tiremos por um momento nossos pés do chão e deixemos que os dois, o Mendigo-Poeta e a Pobre Menina Rica, na grandeza de seu amor, terminem essa fábula juntos e felizes para sempre.

Imaginem que o Mendigo-Poeta, que, como todos viram, tem o estofo de um verdadeiro gentleman, convide sua bem-amada para jantar com ele diante de seu casebre, ao luar, numa mesinha improvisada com um caixote velho e o resto conseguido à base de despachos encontrados pelas encruzilhadas da cidade: uma galinhazinha com uma farofinha amarela, uma cachacinha, uma velinha acesa para tornar o ambiente mais romântico. A Pobre Menina Rica fica ainda mais apaixonada. Nunca em sua vida tinha visto tamanho cavalheirismo. Cantam então juntos a "Valsa-dueto", num langoroso *pas-de-deux*.

MENDIGO-POETA e POBRE MENINA RICA cantam a "Valsa-dueto" (v. p. 254)

E aqui termina o pequeno trailer de nossa comediazinha musicada. Esperamos que a história que Vinicius, o poeta, imaginou acontecer entre um mendigo pobre e rico e uma menina rica e pobre, e que Carlos Lyra musicou, tenha deixado em vocês todos um gostinho bom que os leve a querer revê-la quando for encenada.

[A peça *Pobre Menina Rica* jamais foi concluída. Mas dela restaram o primeiro ato quase completo e o esquema com anotações que permite arriscar sua reconstituição. Ei-la:]

POBRE MENINA RICA
Comédia musicada brasileira
escrita por Vinicius de Moraes
com música de Carlos Lyra

PERSONAGENS

CARIOCA, o líder da comunidade dos mendigos. Um negro de mais ou menos quarenta anos, magro, miúdo e meio mal-humorado, se possível com uma perna de pau.* Trata-se de um indivíduo altamente inteligente, além de astuto e sensual. Domina os outros pela virilidade de seu caráter, sem ter que elevar a voz, conseguindo tudo o que quer por meio da persuasão diligente e de um certo modo de olhar dentro dos olhos das pessoas que as faz baixar os seus. Sua voz deve ser a de um bom barítono da terra, com uma qualidade qualquer de preguiça e voluptuosidade.

MARIA-MOITA, sua mulher. Uma baiana quieta, como o nome indica, bemfeita, com um bonito rosto e magníficos olhos, e toda a qualidade e força telúrica da Bahia em seu temperamento, e no seu modo de fazer as coisas. Ela é uma mãe-de-santo, aí pelos trinta anos. Sua voz deve ser a de um contralto popular. Exerce a liderança entre as mulheres, estabelecendo os menus e a administração da comunidade.

MENDIGO-POETA, um sujeito de aparência nobre, aí pelos vinte e cinco. Alto, magro e com um modo aristocrático de ser. Veste seus trapos com uma espécie de elegância. Traz sempre o violão a tiracolo. Sua natureza independente e orgulhosa não o deixa mendigar como seus outros companheiros. Ele canta nas ruas e recebe o que lhe dão em troca de suas canções. Voz de um barítono suave, com um bom alcance, ele deve ter um estilo bossa-nova de cantar.

POBRE MENINA RICA, uma menina linda, mas por vezes estourada e voluntariosa, aí pelos dezoito anos. Muito rica, mas desgostosa da vida que leva. Esta revolta contra seu ambiente provoca nela um comportamento social tipicamente mecânico. Ela sonha, evidentemente, com o príncipe encantado que virá algum dia levá-la da tediosa atmosfera em que vive para um mundo de beleza e fantasia.

(*) Vinicius pensava em convidar o ator Haroldo Costa — que não tinha uma perna — para o papel de Carioca. (N. O.)

MENDIGO PAULISTA, que acredita, antes de mais nada, em ser prático na vida. Na comunidade dos mendigos é o que fatura mais do ponto de vista financeiro. Veste-se e se apresenta também melhor, e se distingue pelo seu modo de falar e agir.

PAU-DE-ARARA, um mendigo nortista, também cantor, que sempre traz uma viola consigo. A despeito de seus altos e baixos, conserva um sadio otimismo em relação à vida e um fatalismo que o leva a viver para a frente, sem fazer muitas perguntas sobre sua existência.

MENDIGO LADRÃO, o que optou pela facilidade do roubo contra o labor da mendicância. Sua filosofia é que o que está à mão não pertence a ninguém.

MENDIGO GAÚCHO, um mendigo cheio de bravata, extrovertido, inadaptado. Está sempre falando sobre o dia em que partirá a cavalo, ou então contando inúmeras aventuras nas quais ele é sempre o perfeito herói.

NUM-DÒ, o mendigo avarento. Um personagem em que não se pode confiar, melífluo, solitário. É um homem silencioso, mas sempre presente em todos os acontecimentos: ouvindo quando não deve e depois voltando à sua toca para tirar as próprias conclusões. Ele encara seus companheiros mendigos com indiferença. As mulheres da comunidade sempre têm um olho nele.

MENDIGO-CANDANGO, um remanescente da construção de Brasília. Um mendigo pobre e idealista, que está sempre a falar e sonhar com a cidade do futuro.

MENDIGO-ESPIÃO, um tira que finge ser mendigo.

BABY DOURADO, um velho milionário, que mora em um dos grandes apartamentos do edifício onde vive a Pobre Menina Rica.

SUSETE, sua amante. Uma linda vigarista loura, que se aproveita da paixão do velho industrial para dele extorquir dinheiro e jóias valiosas.

MULHERES MENDIGAS, companheiras de todos os mendigos, com exceção de Pau-de-Arara e Num-Dô, que cuidam de seus barracos e operam administrativamente sob a supervisão de Maria-Moita.

MENDIGOS SECUNDÁRIOS, comparsas.

LEITEIRO.

AGENTES POLICIAIS.

OPERÁRIOS DA CONSTRUÇÃO.

EMPREGADAS, que aparecem eventualmente nas áreas dos apartamentos.

TEMPO
O presente

ARQUITETURA, CENÁRIOS E COISAS

A cenografia principal é a do baldio: um vasto terreno cerca do mar, que não se vê, encravado entre apartamentos dispostos irregularmente, às vezes deixando vãos entre eles, o que permite distinguir a silhueta da cidade ao longe. Um lance de rua foge diagonalmente da esquerda baixa para a alta. Todos os apartamentos dão fundo para o baldio. No terreno disponível, uma meia dúzia de casebres feitos com não importa que material: vale tudo. Até um enorme pedaço de cano de esgoto, ali abandonado, serve de residência aos mendigos posseiros que invadiram o local.

A arquitetura do cenário, particularmente no que concerne aos barracos dos mendigos, é de importância fundamental para caracterizar suas personalidades. A habitação de Carioca e Maria-Moita, por exemplo, deve conter toda a graça e riqueza imaginativa dos barracos das favelas do Rio. Já a moradia do Mendigo Paulista se caracteriza pela funcionalidade, enquanto Num-Dô mora no cano de esgoto. Mas o Pau-de-Arara e o Mendigo Gaúcho usam simples tendas de campo, sob as duas únicas árvores que há em cena. O Mendigo-Poeta dorme não importa onde, o violão como travesseiro.

A engenhosidade dos mendigos, reflexo do talento de improvisação do povo brasileiro, deve criar no palco uma série de inventos por meio dos quais eles possam tirar proveito de alguns dos confortos modernos: por exemplo, um espelho que reflete a televisão de um apartamento; um salão de beleza das mendigas, para alisar seus cabelos; uma velha caixa que serve de banheiro, onde eles usam a água desviada de um dos apartamentos.

A comida é feita por Maria-Moita num velho fogão a lenha, e distribuída em horas determinadas, que são anunciadas por batidas num triângulo de ferro. A roupa é lavada individualmente pelas mulheres pelo antigo processo das tinas de lavar. Todas estas coisas devem contrastar graciosamente com a riqueza dos apartamentos vizinhos.

O quarto da Pobre Menina Rica deve ser exatamente o de uma menina da alta sociedade, que não tem problema na vida. Indicações de afetividade e romantismo devem ser dadas por pequenos detalhes ou objetos, aos quais ela está sentimentalmente ligada, a fim de fugir do tédio de sua vida: bonecas, bichos de pelúcia etc.

PRIMEIRO ATO

CENA 1

Ao abrir-se o pano, a noite começa a desfazer-se em aurora. A manhã surge no palco vazio, iluminando gradualmente as habitações dos mendigos e os edifícios de apartamentos em volta, dentre os quais dois estão ainda em construção. O tema da "Marcha do amanhecer" aparece inicialmente *ad libitum*, a melodia executada por apenas um instrumento e se desenvolvendo à medida. Quando já se principia a perceber as coisas ouve-se o barulho do carro do leiteiro, com o bater característico das garrafas que são depositadas. O leiteiro surge na rua da esquerda, ao mesmo tempo em que, pouco a pouco, certas janelas de fundo das áreas de serviço vão se abrindo, denunciando o despertar das empregadas que aparecem para dar início aos labores do novo dia. Os operários também começam a chegar aos edifícios em construção e iniciam as diferentes tarefas, alguns subindo em precários ascensores pelos flancos externos dos edifícios, cujas empenas vão pintar, outros passando tijolos de mão em mão; todos de shorts, ocupados com seus serviços. O leiteiro é quem deve começar a cantar a marcha, passando então para as empregadas e depois para os trabalhadores até que seja criado um contraponto de vozes que vai num crescendo. A luz do palco também deve ir crescendo em harmonia com o movimento e o canto, até uma explosão de claridade, anunciando o novo dia. No final da marcha, deve apontar o tema do "Samba do Carioca", indicando o despertar do líder da comunidade.

CARIOCA (*cantando o "Samba do Carioca"*)

Vamos, Carioca
Sai do teu sono devagar
O dia já vem vindo aí
E o sol já vai raiar*
São Jorge, teu padrinho,
Te dê cana pra tomar
Xangô, teu pai, te dê
Muitas mulheres para amar.
Vai o teu caminho
É tanto carinho para dar
Cuidando teu benzinho
Que também vai te cuidar,
Mas sempre morandinho
Em quem não tem com quem
morar...
Na base do sozinho não dá pé,
Nunca vai dar.

CORO (*cantando*)

Vamos, minha gente
É hora da gente
trabalhar
O dia já vem vindo aí
E o sol já vai raiar

CARIOCA (*cantando*)

A vida está contente de poder continuar
E o tempo vai passando sem vontade de passar.

(*) Na primeira versão, estes versos soavam: "Que a noite não foi mole não/ De tanto namorar". (N. O.)

CORO (*cantando*)

> *Eh, vida tão boa,*
> *Só coisa boa pra pensar*
> *Sem ter que pagar nada,*
> *Céu e terra, sol e mar*

CARIOCA (*cantando*)

> *E ainda ter mulher*
> *E ter o samba pra cantar*
> *O samba que é o balanço*
> *Da mulher que sabe amar...*

CORO (*cantando*)

> *Eh, vida tão boa*
> *Só coisa boa pra pensar*
> *Sem ter que pagar nada,*
> *Céu e terra, sol e mar*

CARIOCA (*cantando*)

> *E ainda ter mulher*
> *E ter o samba pra cantar*

CORO (*cantando*)

> *O samba que é o balanço*
> *Da mulher que sabe amar...*

Com o desenvolver da música até o final da primeira estrofe, os mendigos e suas companheiras começam a sair de seus barracos, bocejando, espreguiçando-se, e se aproximam de seu líder. A partir da segunda estrofe da canção, Carioca é secundado por um coro da comunidade. Por este tempo Maria-Moita já fez o café numa grande lata, e uma vez terminada a canção, os mendigos e suas companheiras, numa linha predeterminada, passam em frente de Maria-Moita, que os serve em suas canecas individuais, com uma grande concha, e dá um pão de milho a cada um. Os mendigos tomam o café, e toda esta figuração, que tem o objetivo de estabelecer uma espécie de balé rítmico, deve terminar com os mendigos fazendo uma batucada com as colheres nas canecas, partindo depois para a faina diária, enquanto as mulheres dançam o samba, e lhes dão adeus alegremente. Apenas Carioca permanece em casa para exercer seu trabalho — a liderança da comunidade.

CENA 2

Tendo os mendigos partido, Maria-Moita, que observa a cena, grita às mulheres:

MARIA-MOITA

Eh, suas vadias! Vai começar a pedreira.

MULHER DO MENDIGO PAULISTA

Maria-Moita, qual é o babado hoje?

MARIA-MOITA

Deixe ver, meninas... Hoje é sexta-feira, dia de lavar a roupa suja. Suja, quer dizer... imunda, porque estes caras daqui, vou te contar, hein! O teu ainda não é dos piores... Vamos lá! Peguem suas tinas e o resto do sabão distribuído na semana passada. Azar de quem deixou acabar o sabão que tinha, porque eu avisei que era pra duas semanas!

MULHER DO MENDIGO-CANDANGO

Poxa! E o meu que derreteu na tina? Que é que eu faço, hein, Maria-Moita?

MARIA-MOITA

Que é que você faz? Você pega um Caravelle, não é, minha filha, e vai a Brasília, que você tanto adora, e traz uma barra de sabão de lá... É isso que você faz!

MULHER DO MENDIGO-CANDANGO

Uai, você é mesmo uma graça... Só queria ver você lá, no meio de toda aquela beleza... O Palácio da Alvorada — parece um sonho! A praça dos Três Poderes, com aquela *estalta* alta e magra que tem lá, até parece você, Maria-Moita! (*ri da própria piada*)

MARIA-MOITA (*meio enfezada*)

É melhor alta e magra, que é mulher elegante, que parecendo uma pipa gorda e barriguda feito umas pessoas que eu conheço.

MULHER DO MENDIGO LADRÃO

Deixa ela pra lá, Maria-Moita! É tudo só bafo... Eu queria ver ela lá agora, tendo que andar cinco quilômetros e comer muita da poeira pra comprar um quilo de feijão... Deixa ela pra lá...

MULHER DO MENDIGO GAÚCHO

Por isso não! Tu compra um baio, tu monta nele e não tem distância! Pra cavalo baio não tem distância. Aquilo anda mais ligeiro que um carro. O cavalo é o Volkswagen do gaúcho. Isso é que eu chamo de civilização!

MULHER DO MENDIGO PAULISTA

Ah, sei... Você chama de civilização ficar chupando mate o dia inteiro por um canudinho, comer carne crua e criar calo no traseiro de tanto andar a cavalo... Um bando de selvagens! Civilização é ver um edifício novo a cada cinco minutos, é morar numa cidade que tem mais de um milhão de carros e cinco canais de televisão. São Paulo é uma locomotiva que puxa vinte e um vagões vazios, o resto é conversa fiada.

MULHER DO MENDIGO GAÚCHO

Maria-Moita! Fale com essa *intaliana* pra ela calar a boca senão eu faço churrasco dela, estou só avisando!

MARIA-MOITA (*com autoridade*)

Vamos acabar com essa bobagem! Vocês sabem que eu não gosto de muito falatório! Peguem suas tinas e vam'em frente! Enfrentar o lesco-lesco.

MULHER DO MENDIGO-ESPIÃO

Maria-Moita! Hoje é o meu dia de alisar o cabelo...

MARIA-MOITA

Ué, minha filha, pode fazer como quiser. Você não é de nada mesmo... Mas uma coisa lhe digo: se aquele seu homem continuar a cheirar do jeito que ele cheira, vou falar com o Carioca e a gente reúne o condomínio e bota vocês de castigo lá no barraco dos fundos. Você sabe o que isso quer dizer, não sabe? Com todas aquelas goteiras quando chove... Mas você tá pouco se danando! Você só pensa em alisar o cabelo e ir dançar nas gafieiras...

MULHER DO MENDIGO-ESPIÃO

Eu, hein! Cada um cheira como quer...

Ela vai ao cabeleireiro onde uma mulatinha de avental começa os preparativos para alisar sua carapinha.

MULATA DO SALÃO DE BELEZA

É só pra alisar o cabelo ou quer também xampu e massagem facial?

MULHER DO MENDIGO-ESPIÃO

Pode me fazer um xampu de barba-de-bode, viu, neguinha... E me faz também uma massagem com pedra-pomes, porque eu ando com muita espinha. Não sei o que foi que comi que me deixou assim... Tenho passado tão mal, minha filha. Acho que foi o resto daquela galinha que encontrei na lata de lixo ali do 110.

MULATA DO SALÃO DE BELEZA

Ih, querida, se for intoxicação eu conheço uma reza maravilhosa!

> Ela lhe passa a fórmula mágica. Dá início então ao violento tratamento no rosto de sua cliente que, de tempos em tempos, grita de dor. Enquanto isso as mulheres aparecem com suas tinas sobre as cabeças, passando sob a bomba d'água, uma bem bolada engenhoca inventada por Carioca — qualquer coisa no gênero da idéia de um cachorro correndo atrás de um gato e com isto fazendo funcionar um sistema hidráulico. As mulheres colocam-se em semicírculo, de costas para o público, e começam a lavar, batendo a roupa. Neste exato momento, o rádio de um dos apartamentos começa um samba "puladinho", que determina, pouco a pouco, uma espécie de balé das lavadeiras, mas feito exclusivamente com os traseiros das mulheres. É no meio deste balé que entra, violão a tiracolo, o Mendigo-Poeta. Ele fica observando, com um olhar divertido, a curiosa dança das lavadeiras. (Lembrar a possibilidade de aproveitar também, na cena do balé, o expediente das lavadeiras de pegar a água com as tinas nas cabeças, sempre dançando.)

CENA 3

Terminado o balé, o Mendigo-Poeta aproxima-se do lugar onde estão Carioca e Maria-Moita. Ao vê-lo, ambos assumem um ar reservado. Maria-Moita catuca Carioca de leve, que olha com ar severo para o Mendigo-Poeta. Mas Carioca nem tinha notado que durante o balé sua perna de pau florescera: um broto de flor agora reponta na madeira. O Mendigo-Poeta é o primeiro a notar o fenômeno e Carioca, sentindo que o outro está observando, baixa os olhos e vê a pequena rosa.

CARIOCA

Ué!... Que *condolências* são estas?

MENDIGO-POETA

Não é nada! É a primavera!

> E, chegando mais perto, ele se abaixa e colhe a rosa da perna. Depois, com um cumprimento cavalheiresco, ele a oferece a Maria-Moita, que agradece com um sorriso tímido.

MENDIGO-POETA

Com a permissão do nobre amigo, quero oferecer esta primeira dádiva da primavera àquela que, por sua graça e beleza, já conquistou meu coração.

CARIOCA (*olhando para ele com desconfiança*)

Que é que ele está *perambulando* aí?...

MARIA-MOITA

Deixe-o em paz, Carioca, ele está sendo apenas um moço fino...

CARIOCA (*resmungando*)

Eu não gosto desta espécie de conversa. Bem, que é que você quer? Aqui não tem lugar para pilantra.

MENDIGO-POETA (*colocando a mão sobre o peito com afetação*)

Pilantra, eu? Eu sou o antipilantra, senhor Carioca.

CARIOCA

Então apresente as suas credenciais.

MENDIGO-POETA (*toma do violão e canta "Cartão de visita"*)

Quem quiser morar em mim
Tem que morar no que o meu samba diz
Tem que nada ter de seu
Mas tem que ser o rei do seu país
Tem que ser um vidinha folgada
Mas senhor do seu nariz
Tem que ser um não-faz-nada
Mas saber fazer alguém feliz.

Tem que viver devagarinho
Pra poder ver a vida passar
Tem que ter um pouco
De carinho para dar
Precisa, enfim, saber gastar,
E ao receber uma esmolinha
Dar em troco o céu e o mar
Tem que ser um louco
Mas um louco para amar!
Vai ter que ter tudo isso ⎫
Tudo isso pra contar.   ⎬ bis
                                  ⎭
Tem que bater muita calçada
Só cantando o que o povo pedir

E só vendo a moçada
Praticando pra faquir
Precisa, enfim, filosofar...
...Que ser alguém é não ser nada
E não ser nada é ser alguém...
Tem que bater samba!
E bater samba muito bem!
Vai ter que ter tudo isso } bis
Tudo isso e o céu também.

> Inútil dizer que enquanto o Mendigo-Poeta canta suas credenciais, as mulheres abandonam os afazeres e começam a se aproximar, formando um semicírculo em volta das três personagens centrais. Da segunda estrofe em diante, elas começam a aprovar o que o Mendigo-Poeta diz em seu samba, e algumas chegam a ensaiar passos e movimentos de samba. Terminada a canção, Carioca olha para Maria-Moita que acena com um movimento positivo de cabeça, no que é imitada pelas demais mulheres, que se entreolham como se estivessem participando de importante decisão de uma assembléia.

CARIOCA

Vou colocar a admissão deste nobre vagabundo em votação. Delego, como líder desta comunidade, poderes às concubinas para votarem pelos mendigos que estão trabalhando. Aquelas que concordarem, levantem a destra.

> Todas as mulheres levantam as mãos entusiasticamente, olhando com interesse feminino para o Mendigo-Poeta que, silencioso, observa a cena.

CARIOCA

Admissão aprovada. (*vai até o Mendigo-Poeta e põe a mão no seu ombro, com um olhar sério*) Eu o recebo, nobre vagabundo, na Comunidade Carioca dos Trabalhadores em Mendicância (CCTM), no grau de Mendigo classe V, assumindo o novo membro as obrigações estatutárias, gozando de todos os direitos e privilégios dos membros da comunidade, de acordo com o grau em que foi recebido. Parabéns, e tenho dito!

MENDIGO-POETA

Agradeço ao nobre líder e nobres concubinas por seus votos favoráveis, e prometo contribuir para o bem-estar e felicidade da CCTM, de acordo com as minhas modestas possibilidades.

Carioca e Maria-Moita apertam-lhe a mão.

CARIOCA

Bem, pessoal, eu vou ter que ir à cidade a negócios. (*ao Mendigo-Poeta*) A minha chapinha aqui (*apontando para Maria-Moita*) vai lhe dar mais ou menos uma dica de todos os babados, o que você pode ou não pode fazer, o horário das refeições e suas obrigações financeiras para a caixa comum da comunidade. Adeus e *sede* feliz.

O Mendigo-Poeta concorda com um aceno e Carioca deixa o palco, exagerando um pouco o seu modo meio felino de andar, à maneira dos malandros cariocas.

CENA 4

MENDIGO-POETA

Oh, muito obrigado, madama. Mas a quem tenho a honra de me dirigir?

MARIA-MOITA

Todos me chamam de Maria-Moita. O nome verdadeiro é Maria Francisca do Bonfim.

MENDIGO-POETA

Maria-Moita, porque com certeza a senhora não é de muito falar, deve ser por isso...

MARIA-MOITA

Pode chamar de você mesmo. É, eu falo o menos possível, assim é melhor. As palavras foram inventadas pelo demônio. Tudo o que passa pelos olhos e pelos ouvidos. E algumas vezes pelo nariz também. (*voltando-se para as outras mulheres*) Feito essas porcas aí. Durante a votação quando elas levantaram os braços, eu quase caí dura. (*dirigindo-se a elas*) Vocês estão me ouvindo? Nem parece que vocês vêem televisão. Amanhã quero todo mundo limpo, porque senão vai ter! Será possível que ninguém aqui tenha ouvido falar em desodorante? Que *prepotência*!

MENDIGO-POETA

Pelo sotaque, eu diria que você é do Norte.

MARIA-MOITA

Bem, eu não sou exatamente uma pau-de-arara, meu filho. Sou de um pouquinho mais ao sul, da Boa-Terra.

MARIA-MOITA (*cantando "Maria-Moita"*)

>*Nasci lá na Bahia*
>*De mucama com feitor*
>*Meu pai dormia em cama*
>*Minha mãe no pisador.*
>
>*Meu pai só dizia assim: "Venha cá!"*
>*Minha mãe dizia sim sem falar*
>*Mulher que fala muito*
>*Perde logo o seu amor.*

CORO DAS MULHERES

>*Mulher que fala muito*
>*Perde logo o seu amor.*

MARIA-MOITA

>*Deus fez primeiro o homem*
>*A mulher nasceu depois*
>*Por isso é que a mulher*
>*Trabalha sempre pelos dois*
>*Homem acaba de chegar,*
>*Tá com fome*
>*A mulher tem que olhar*
>*Pelo homem*
>*E é deitada, em pé,*
>*Mulher tem é que trabalhar!*

CORO DAS MULHERES

>*E é deitada, em pé,*
>*Mulher tem é que trabalhar!*

MARIA-MOITA

>*O rico acorda tarde*
>*Já começa a rezingar*
>*O pobre acorda cedo*
>*Já começa a trabalhar*
>*Vou pedir ao meu babalorixá*
>*Pra fazer uma oração pra Xangô*
>*Pra pôr pra trabalhar* ⎫ *bis*
>*Gente que nunca trabalhou!* ⎭

CORO DAS MULHERES

>*Pra pôr pra trabalhar* ⎫ *bis*
>*Gente que nunca trabalhou!* ⎭

MENDIGO-POETA (*batendo palmas*)
Muito, muito bonito! Se todas as mulheres fossem como você, não precisaria haver divórcio!

>Neste momento, a orquestra começa o tema "Pobre Menina Rica". Maria-Moita vira para suas amigas e diz:

MARIA-MOITA
Agora todo mundo bota a roupa pra secar.

>As mulheres partem para a nova tarefa, colocando a roupa pra secar nos arames, o que fazem com a ajuda de varas de bambu. Isso deve estabelecer um tema para um balé colorido: a mistura das cores das roupas com os movimentos das mulheres etc. A Pobre Menina Rica aparece na varanda de frente de seu quarto no momento em que o cantar de um passarinho é ouvido.

CENA 5

POBRE MENINA RICA (*cantando "Pobre menina rica"*)
Eu acho que quem me vê, crê
Que eu sou feliz,
Feliz só porque
Tenho tudo quanto existe
Pra não ser infeliz...

Pobre menina tão rica
Que triste você fica se vê
Um passarinho em liberdade
Indo e vindo à vontade na tarde...*

Você tem mais do que eu
Passarinho
Do que a menina
Que é tão rica e nada tem de seu...

>Ela se deixa ficar na mesma posição, a olhar o céu por um momento, enquanto o Mendigo-Poeta, lá de baixo, estático, ouve a canção. Depois disto, com movimentos elegantes e desencorajados, ela deixa pender sua cabeça e entra no apartamento. O Mendigo-Poeta vira-se para Maria-Moita, que durante toda a canção o estava observando, olhando para ele e para a Pobre Menina Rica alternadamente:

(*) Variações deste verso: "Indo e vindo a voar à vontade" e "Indo e vindo e cantando à vontade". (N. O.)

MENDIGO-POETA

   Quem é o anjo?

MARIA-MOITA

   É a menina triste do 120. Ela está sempre na janela, coitadinha! Olhando para o que não pode ver! O pai é homem muito rico, vive uma vida de lorde. A empregada dela é que me conta tudo. Disse que a menina está sempre chorando.

MENDIGO-POETA

   Ela é linda!

MARIA-MOITA

   Ah, isso ela é. Um devaneio.

   Pouco depois a Pobre Menina Rica aparece na entrada de seu edifício, num diminuto biquíni, deixando à mostra suas lindas formas, numa saída-de-praia entreaberta. O Mendigo-Poeta está encantado e assobia com admiração: fiu-fiu. A Pobre Menina Rica vira-se, olha para ele e ao vê-lo em trapos, sem se barbear, fica furiosa e se aproxima com as mãos na cintura.

POBRE MENINA RICA

   Você não tem vergonha?

   O Mendigo-Poeta olha para ela dos pés à cabeça, cuidadosamente, prolongando a olhada em cada detalhe de seu delicioso corpo.

MENDIGO-POETA

   Vergonha de quê?

POBRE MENINA RICA

   Como é que um sujeito de sua classe se atreve a mexer com uma menina decente? Por que é que você não se olha no espelho? Por que não se coloca no seu lugar? Você sabe a quem está olhando? Se você se atrever a fazer isto outra vez, vou falar com meu pai para pôr você na cadeia, ouviu, e aprender a não ser engraçadinho! A audácia!

   O Mendigo-Poeta, divertido com a cena e sem qualquer mostra de estar zangado, repete o assobio, mas agora de um jeito desapontado, como se estivesse dizendo: "Oh! Olhem só para essa bonequinha tão boba!". A Pobre Menina Rica volta-se para sair. O Mendigo-Poeta toma o violão e começa, no início sozinho, mas logo depois seguido pela orquestra, a cantar "Broto triste". A Pobre Menina Rica pára e deixa-se estar, ouvindo.

MENDIGO-POETA (*cantando "Broto triste"*)

*Menininha bonita
Cheia de mania
Que faz tanta fita
E se acha a maior
Que diz que não topa
Quem lê poesia
Que tudo na Europa
É muito, mas muito melhor!*

*Menininha, cabeça-de-vento
Sem um pensamento
Senão namorar
Cuidado, menina
Namora direito
Senão não dá jeito
Não está nada fácil casar*

*Seu biquíni tão biquinininho
Não dá chance, pois quem quer
Não tem mais nada para achar.*

*Menininha, eu te juro
Você me dá pena
Você tão pequena
Querendo voar...
Menininha, que coisa mais triste**
Se você pensa que existe
Vai ter muito o que pensar...
Menininha, vem cá!*

POBRE MENINA RICA

   Pra quê?   } bis

MENDIGO-POETA

   Menininha, olhe lá você...

A Pobre Menina Rica deixa o palco furiosa e logo depois ouve-se o barulho de um carro esporte dando partida a toda a velocidade.

(*) Nas primeiras versões da letra, Vinicius queria associar a menininha a uma dança da época. O verso inicialmente saiu assim: "Broto triste que vive de 'zorba' ", referindo-se à dança que o filme *Zorba, o grego* tornou famosa. Evoluiu depois para uma forma menos dura ao ouvido: "Broto triste/ Que vive de twist". Daí surgiu o título da canção. (N. O.)

CENA 6

De um dos apartamentos chega o som amplificado de um aparelho de televisão. Maria-Moita, ao ver que as mulheres terminaram de pôr a roupa na corda, grita para elas:

MARIA-MOITA

Ei, meninas, quem quiser pode ver TV até a hora do almoço.

Uma das mendigas acerta um sistema de espelhos que refletem o que está passando num dos apartamentos. As mulheres se agrupam, sentadas no chão, em frente ao espelho refletor, e vêem o programa, possivelmente um político fazendo discurso e prometendo mundos e fundos para o Brasil. O Mendigo-Poeta senta-se, encostado a uma árvore, toma o violão e começa a compor, sussurrando a música. O ambiente da comunidade entra em grande calma. De repente, ouve-se o barulho do carro da Pobre Menina Rica que volta. Ela evidentemente desistiu da idéia de ir à praia. Depois de alguns segundos, ei-la que aparece, linda em seu diminuto biquíni, e pára por um instante diante da porta de seu prédio, para olhar o Mendigo-Poeta. Este, que ouviu e reconheceu o ruído, dá-lhe um cínico alô. A Pobre Menina Rica responde com um movimento de ombros de maus modos e entra no edifício. Logo depois, ela aparece por entre as cortinas de seu balcão, as quais entreabre para observar o Mendigo-Poeta. Ele, que viu toda a manobra, envia-lhe um beijo com a ponta dos dedos. A Pobre Menina Rica retira-se apressadamente de seu posto de observação. Carioca chega, à frente dos mendigos, que começam a apontar dos quatro cantos do palco. Todos passam em frente ao barraco de Carioca e entregam-lhe os proventos da mendicância. Este toma notas, colocando o dinheiro numa caixa comum, depois de dar a porcentagem devida a cada contribuinte, de acordo com os lucros obtidos. Maria-Moita acha-se ocupada com um grande caldeirão a preparar o almoço. Ela bate no triângulo de ferro, e todos aparecem com pratos, garfos e facas ordinários, passando em fila diante dela. Maria-Moita serve uma ração a cada um, juntamente com um pedaço de pão. Nas áreas dos edifícios e perto dos apartamentos em construção também as empregadas e os trabalhadores das construções são vistos com pratos e marmitas, sentando-se não importa onde para comer.

A "Marcha do amanhecer" deve aqui ser repetida numa orquestração diferente, como para dar a impressão que mais um período do dia foi vencido, finalizando musicalmente numa espécie de langor que insinua fadiga e a necessidade de uma boa sesta. Os mendigos começam a se espreguiçar e cada um escolhe a sua sombra para o sono de depois do almoço. Pouco a pouco, estabelece-se uma harmonia musical de roncos, perfeitamente orquestrada para produzir o efeito cômico desejado. Neste momento, a Pobre Menina Rica, de short e uma toalha enrolada na cabeça como turbante, aparece na janela e se deixa observar pelo Mendigo-Poeta, o único que não dorme. Ele coloca sua mão sobre o coração e a eleva na direção da Pobre Menina Rica, num sinal de encantamento. Ela une as mãos junto ao peito, como para receber o gesto de carinho. Sai, em seguida, enquanto o palco gira mecanicamente, surgindo então o seu quarto de dormir.

CENA 7

O quarto de dormir da Pobre Menina Rica, cheio de enormes animais estofados. Ela vai ao espelho, olha-se e sorri, encantada de si mesma. Depois, faz um passo de balé, e ao som da música dança seu encantamento, utilizando freqüentemente os seus grandes bichos de pelúcia como parceiros. O balé deve terminar quando a Pobre Menina Rica, numa veloz pirueta, for se aproximando do espelho — um dos muitos que existem no quarto e que multiplicam a dança e a variedade de passos —, e quando ela chegar em frente do espelho, deve inclinar seu corpo contra o vidro e beijar-se. Ao terminar o balé, o som de uma violenta discussão se faz ouvir lá de baixo. A Pobre Menina Rica vai até o balcão para olhar, e neste momento o palco gira, voltando ao cenário original. Vê-se então um pequeno grupo formado em frente ao barraco de Maria-Moita, em meio ao qual estão o Mendigo-Poeta, o Mendigo Paulista e o Mendigo Ladrão. Ao crescer a discussão, outros mendigos se aproximam.

MENDIGO PAULISTA

Eu digo e digo certo! A única coisa na vida é o valor do trabalho e da eficiência. Não há mais lugar para poetas e sonhadores. Quem não produz é um parasita, vive nas costas dos que produzem. Nós temos que ser práticos. O lucro de amanhã é o trabalho de hoje.

MENDIGO LADRÃO

Bobagem! Qual a utilidade do trabalho? O que está à mão não pertence a ninguém. Pertence a quem vê primeiro. Qual a utilidade desse famoso instinto de propriedade? Tudo burrice! Os mais burros produzem para o lucro dos mais inteligentes. Por que é que devo respeitar uma pequenina carteira à mostra, saindo do bolso de um otário? Ou uma bolsa aberta de uma dessas burguesonas que vão aos supermercados pra fingir que elas são boas donas de casa? O dinheiro está lá, olhando pra mim e suplicando: "Me leva, me leva!". Elas vão sentir falta dele? Claro que não! Tudo aquilo é pra comprar quinquilharias inúteis: vestidos caros, jóias, e às vezes para pagar o tempo de um bonitão. Eu não! Na minha opinião, o que os olhos não vêem, o coração não sente.

MENDIGO PAULISTA

Ok, mas espere pelo revertério. Enquanto nós construímos uma civilização, você vai acabar seus dias vendo o sol nascer quadrado! E depois pra que roubar em pequenas quantidades? Você tem é que tirar vantagem das grandes oportunidades do jogo dos mercados, comprar por cem e vender por mil. O mundo não gosta de otários, mas também não gosta de ladrões de galinha.

MENDIGO LADRÃO

Qual nada! Essas coisas é que me deixam louco! Pra que correr, gastar dinheiro comprando rosas numa florista, quando você pode colher a mesma rosa num jardim? Uma rosa pertence a alguém? Um passarinho pertence a alguém? Dinheiro pertence a alguém? Quem faz o dinheiro? O governo. Quem paga o governo? O povo! Quem sou eu? O povo! Portanto o dinheiro é meu. Não há a menor dúvida! Ora essa é muito boa!

MENDIGO PAULISTA

Se todos pensassem como você não restava nada de sobra, nem pra roubar! Quem ia produzir o dinheiro, então? Eu, o homem prático? O que trabalha? (*virando-se para o Mendigo-Poeta*) E você, amigo, você que gosta da vida na base de um violão e de suas canções? Que é que você tem a dizer sobre tudo isto?

MENDIGO-POETA (*pegando o violão e dirigindo-se ao Mendigo Paulista, canta "Sabe você?"*)

Você é muito mais que eu sou
Está bem mais rico do que eu estou
Mas o que eu sei você não sabe
E antes que o seu poder acabe
Eu vou mostrar como e por quê
Eu sei, eu sei mais que você...

Sabe você o que é o amor?
Não sabe, eu sei.
Sabe o que é um trovador?
Não sabe, eu sei.
Sabe andar de madrugada
Tendo a amada pela mão?
Sabe gostar? Qual sabe nada
Sabe não...
Você sabe o que é uma flor?
Não sabe, eu sei.

> *Você já chorou de dor?*
> *Pois eu chorei.*
> *Já chorei de mal de amor*
> *Já chorei de compaixão*
> *Quanto a você, meu camarada,*
> *Qual o quê, não sabe não...*

(*dirigindo-se ao Mendigo Ladrão*)

> *E é por isso que eu lhe digo*
> *E com razão*
> *Que mais vale ser mendigo*
> *Que ladrão.*
> *Sei que o dia há de chegar*
> *E isso seja como for*
> *Em que você pra mendigar*
> *Só mesmo amor...*
> *Você pode ser ladrão*
> *Quanto quiser*
> *Mas não rouba o coração*
> *De uma mulher.*
> *Você não tem alegria*
> *Nunca fez uma canção*
> *Por isso a minha poesia*
> *Há! há! você não rouba não!* } bis

Todos os circunstantes, inclusive Carioca e Maria-Moita, parecem aprovar com veemência as palavras do Mendigo-Poeta, que é cumprimentado com uma salva de palmas. Seus dois oponentes retraem-se um pouco, embaraçados, e vão para os seus barracos, conversando com animação como a ponderar ainda sobre o que acabaram de ouvir. Neste instante, o Mendigo-Poeta olha para cima e vê a Pobre Menina Rica, que da sua janela ouviu toda a discussão e delira de entusiasmo. Num impulso irresistível, ela atira-lhe um beijo. No que os mendigos se dispersam e retornam às suas atividades, a orquestra ataca o tema "Canção do amor que chegou".

POBRE MENINA RICA (*cantando do seu balcão "Canção do amor que chegou"*)

> *Eu não sei, não sei dizer*
> *Mas de repente esta alegria em mim*
> *Alegria de viver,*
> *Que alegria de viver*
> *E de ver tanta luz, tanto azul!*

Quem jamais poderia supor
Que de um mundo que era tão triste e sem cor
Brotaria essa flor inocente
Chegaria esse amor de repente
E o que era somente um vazio sem fim
Se encheria de flores assim...**

Coração, põe-te a cantar
Canta o poema da primavera em flor
É o amor
O amor chegou   } bis
Chegou enfim!

CENA 8

O palco gira mostrando o apartamento de Susete, que é caracterizado por um luxo de péssimo gosto. Ela anda excitadamente em frente de Baby Dourado, que tem um cigarro na boca e dirige a Susete um olhar dramático.

BABY DOURADO

É a verdade! Você não me ama como uma mulher devia amar um homem. Eu queria ver se eu fosse um simples bancário, em vez de ser um grande banqueiro... Você não viveria comigo. Você só está comigo por causa do meu dinheiro!

SUSETE

Deixe de ser tolo e pare de falar bobagens! Você sabe muito bem que eu podia ter homens com dinheiro, até mais ricos que você, se eu quisesse. E bem mais moços que você, o que não atrapalharia em nada... Você acha então que uma mulher como eu gostaria de um homem da sua idade se não fosse por amor? Você está completamente por fora...

BABY DOURADO

Eu não sei... Esta dúvida me mata! Se eu ao menos pudesse ter certeza... Mas às vezes me parece que todos os carinhos que você me faz têm um preço...

SUSETE

Eles têm um preço, sim! O preço da minha juventude! Veja bem o que eu penso de suas jóias, olhe só! (*ela vai até a penteadeira, abre uma gaveta, tira algumas jóias, depois arranca violentamente os brincos, o broche, o solitário de diamante de seu dedo,*

(*) Variação: "Se encheria de cores assim...". (N. O.)

então vem até a janela e grita) Veja bem o que eu penso de suas jóias. (*e, fazendo uma pequena pilha, joga tudo fora*)

BABY DOURADO (*correndo para ela*)

Meu amor, eu sou um idiota, me perdoe. (*e abraçando-a com paixão, tenta beijá-la, o que Susete no início tenta recusar, mas depois acaba deixando*) Não se incomode com as jóias; eu lhe dou outras, mais valiosas ainda. Tudo o que quero é o seu amor.

> O palco gira, enquanto Susete começa a desabotoar a blusa, como quem cumpre um dever amolante, e vemos Num-Dô, que corre ao local onde as jóias caíram e começa a catá-las. Ele as recolhe cuidadosamente num pequeno embrulho e vai para a porta dos fundos do edifício, onde, um pouco mais tarde, aparece Susete.

SUSETE

Pegou tudo?

NUM-DÔ

Pode conferir. Foram justamente as jóias que a senhora disse que ia jogar.

> A moça examina avidamente o pacote que Num-Dô lhe apresenta e, parecendo satisfeita, coloca-o na bolsa. Em seguida, tira uma nota da carteira e entrega-a a Num-Dô. Este reclama.

NUM-DÔ

Agora o preço é mais caro. São duas dessas.

SUSETE

Ah, você está querendo me explorar, não é? Olha aqui, não se faça de esperto não, ou vai ver uma coisa comigo!

NUM-DÔ (*indiferente*)

Duas, ou eu conto.

SUSETE

Não!

NUM-DÔ

Desculpe, mas é a inflação. Vou contar até três. Um, dois...

SUSETE

Ah, miserável! Você ainda me paga! (*e tirando uma segunda nota, ela a dá a Num-Dô e entra apressadamente*)

CENA 9

O Mendigo-Poeta vem da rua com um ar desconsolado, olhando para a janela da Pobre Menina Rica. Ao vê-lo, Maria-Moita caminha até ele e pergunta:

MARIA-MOITA

Morreu alguém na sua família? Para que esse olhar triste? (*e começa a descascar batatas que joga no caldeirão*)

MENDIGO-POETA

É que estou muito apaixonado.

MARIA-MOITA

Pela menina do 120?

MENDIGO-POETA

Puxa, nada escapa a você, hein, Maria-Moita...

MARIA-MOITA

Ah, neguinho... Eu sou filha de Oxum; percebi logo de saída. Mas quer saber de uma coisa? Você está arrumando sarna pra se coçar.

MENDIGO-POETA

Eu sei.

MENDIGO-POETA (*cantando "Primavera"*)

O meu amor sozinho
É assim como um jardim sem flor
Só queria poder ir dizer a ela
Como é triste se sentir saudade...
É que eu gosto tanto dela
Que é capaz dela gostar de mim
Acontece que eu estou mais longe dela
Que da estrela a reluzir na tarde...
Estrela, eu lhe diria
Desce à terra, o amor existe
E a poesia só espera ver
Nascer a primavera
Para não morrer...

A Pobre Menina Rica surge à janela. Ela parece muito contente; e quando canta a resposta da "Primavera", toda a sua mímica indica que está absolutamente certa de si mesma e da sua natureza de mulher, agora mais bem plantada, não admitindo obstáculos ao amor.

POBRE MENINA RICA (*cantando*)
>Não há amor sozinho
>É juntinho que ele fica bom
>Eu queria dar-lhe todo o meu carinho
>E queria ter felicidade...
>É que o meu amor é tanto
>É um encanto que não tem mais fim
>E no entanto ele nem sabe que isso existe
>É tão triste se sentir saudade...
>Amor, eu lhe direi
>Amor que eu tanto procurei
>Ai, quem me dera eu pudesse ser
>A tua primavera
>E depois morrer...

[Até aqui vimos acompanhando o texto original. O que se lê em seguida é uma tentativa de reconstituição da estrutura do restante da peça, feita a partir das anotações que o próprio Vinicius conservou.]

CENA 10

Decididamente aquela comunidade tendia a aumentar de população. Ao cair da tarde chega um novo mendigo, tão miserável, mas tão miserável, que inspira pena aos outros mendigos. É um pau-de-arara que resolve, sem mais eira nem beira, na maior dureza do mundo, ver se encontra abrigo no meio daquela gente, sua irmã na miséria. Carioca, como sempre faz, pede-lhe que conte sua história, que é ao mesmo tempo uma história de miséria e de otimismo, porque o mendigo pau-de-arara, apesar das adversidades que enfrentou, nunca perdeu a confiança nos seus semelhantes.

PAU-DE-ARARA (*cantando "Pau-de-arara"**)
>*Eu um dia, cansado que tava da fome que eu tinha*
>*Eu não tinha nada, que fome que eu tinha*
>*Que seca danada no meu Ceará*
>*Eu peguei e juntei um restinho de coisas que eu tinha*
>*Duas calça velha e uma violinha*
>*E num pau-de-arara toquei para cá*
>*E de noite eu ficava na praia de Copacabana*

(*) A letra — cantada ou falada — dessa canção difere em alguns pontos daquela veiculada no *Livro de letras* de Vinicius de Moraes (São Paulo, Companhia das Letras, 1991). Optamos por reproduzir aqui a versão primeira, antes de sua consagração na voz de Ari Toledo. (N. O.)

> *Zanzando na praia de Copacabana*
> *Dançando o xaxado pras moças olhá*
> *Virgem Santa, que a fome era tanta que nem voz eu tinha*
> *Meu Deus quanta moça! Que fome que eu tinha*
> *Mais fome que eu tinha no meu Ceará.**

PAU-DE-ARARA (*falando*)

Foi aí que eu arresolvi a cumê gilete. Tinha um cumpadre meu lá de Quixeramubim, que ganhou um dinheirão comendo gilete na praia de Copacabana. Eu não sei não, mas eu acho que ele comeu tanta, que quando eu cheguei lá aquela gente toda já tava até com indigestão de tanto ver o cabra comer gilete. Uma vez, eu tava com tanta fome, mas com tanta fome, que disse assim prum moço que vinha passando: "Ó decente! Vosmicê deixa eu cumê uma giletezinha pra vosmicê ver?". "Tu não te 'manca não, ó pau-de-arara?" "Só uma, moço, que eu ainda não comi nadinha hoje?" "Você enche, hein?" Aquilo me deixou tão aperreado, que não fosse o amor que eu tinha na minha violinha, eu tinha rebentado ela na cabeça daquele... pai-d'égua!

PAU-DE-ARARA (*cantando*)

> *Puxa vida! Não tinha uma vida pior do que a minha*
> *Que vida danada, que fome que eu tinha*
> *Zanzando na praia, pra lá e pra cá.***
> *Quando eu via toda aquela gente num come-que-come*
> *Eu juro que tinha saudade da fome*
> *Da fome que eu tinha no meu Ceará*
> *E aí eu pegava e cantava*
> *E dançava o xaxado*
> *E só conseguia porque no xaxado*
> *A gente só pode mesmo se arrastar*
> *Virgem Santa! Que a fome era tanta*
> *Que até parecia*
> *Que mesmo xaxando meu corpo subia*
> *Igual se tivesse querendo voar...*

PAU-DE-ARARA (*falando*)

Às vezes a fome era tanta, que volta e meia a gente arrumava uma briguinha, pra ir comer a bóia lá no xadrez. Eta quentinho bom

---

(*) Alternativa: "Zanzando na praia, pra lá e pra cá". (N. O.)
(**) Alternativa: "Mais fome que eu tinha no meu Ceará". (N. O.)

no estômago! Com perdão da palavra, a gente devolvia tudo depois, que a bóia já vinha estragada. Mas enquanto ela ficava quentinha lá dentro... que felicidade! Mas agora as coisas tão melhorando; tem uma dona lá no Leblon, que gosta muito de ver é eu comer caco de vridro. Com isso já juntei uns quinhentos merréis. Quando tiver mais um pouco, vou-me embora. Volto pro meu Ceará!

PAU-DE-ARARA (*cantando*)
> *Vou-me embora pro meu Ceará**
> *Porque lá tenho um nome*
> *Aqui não sou nada, sou só Zé-com-Fome*
> *Sou só Pau-de-Arara, nem sei mais cantar*
> *Vou picar minha mula*
> *Vou antes que tudo rebente*
> *Porque tou achando que o tempo está quente*
> *Pior do que anda, não pode ficar!*

CENA 11

A aceitação do mendigo Pau-de-Arara na comunidade provoca um acalorado debate entre o Mendigo-Poeta e outros dois mendigos. Um deles é Carioca, o Mendigo-Chefe, para quem, à luz dos acontecimentos, os méritos do Pau-de-Arara resultam insuficientes. O outro é Num-Dô, o administrador dos bens da comunidade, para quem a canção do mendigo Pau-de-Arara não resulta apenas insuficiente, mas inútil como qualquer canção. O Mendigo-Poeta toma o partido do Pau-de-Arara. Seus argumentos convencem Carioca, que opinara pressionado pelo olhar de Num-Dô. A comunidade vota favoravelmente, isolando a posição do Mendigo-Administrador. Pau-de-Arara é aceito. A Pobre Menina Rica, que a tudo assistira de sua sacada, apaixona-se irremediavelmente, irresistivelmente, pelo Mendigo-Poeta, convertido em verdadeiro herói aos seus olhos, por sua firme defesa dos humildes.
No terreno baldio, o mendigo Pau-de-Arara arma sua tenda sob a copa da árvore disponível, próxima do lugar onde se acomoda o Mendigo-Poeta. E como quem ama só sabe falar nisso ou ficar calado, este conta ao recém-chegado sobre a Pobre Menina Rica. O Pau-de-Arara, mendigo mais pobre que todos, porque também pobre de amor, entra em fossa e canta a sua solidão.

(*) Variação: "Vou voltar pro meu Ceará". (N. O.)

PAU-DE-ARARA (*cantando "Lamento do homem só"*)
*Eu vim de muito longe
Eu vim de muita dor
'Travessei o mundo
Atrás de um amor*

*Mas voltei tão sozinho
Mas sozinho não tem
Quem me dá carinho
Tem que ser meu bem*

*Eu vim de muito longe
Eu vim de muita dor
'Travessei o mundo
Atrás de um amor*

*Eu sou um cabra valente
Eu sou um cabra pescador
Eu sou bom de rede
Eu sou bom de amor*

*Eu vim de muito longe
Eu vim de muita dor
'Travessei o mundo
Atrás de um amor*

*Mas não é que eu me queixe
Eu não tenho ninguém
Nem pra dar meu peixe
Nem pra dar meu bem.*

SEGUNDO ATO

CENA 1

A noite cai, uma noite linda. Começam a chegar os convidados para uma festa na casa da Pobre Menina Rica. Ao mesmo tempo, com o violão do Mendigo-

Poeta, os mendigos organizam sua própria festinha. Evidentemente interessada, a Pobre Menina Rica desce com um grupo de rapazes e moças, alguns já meio altos, e confraternizam com os mendigos. A vitrola em cima toca um samba que serve para dançar o twist; os rapazes e moças ensinam os mendigos a dançar a novidade, que alguns misturam com passos de samba (balé samba-*monkey*). A Pobre Menina Rica dança com o Mendigo-Poeta.

CENA 2

Todos se retiram e ficam apenas a Pobre Menina Rica e o Mendigo-Poeta. Este se declara, enquanto Pau-de-Arara, de sua tenda, canta uma toada nostálgica. Idílio.

PAU-DE-ARARA (*cantando "Danado de saudade"**)
*Quando a noite vem descendo
E a lua aparecendo
Diz baixinho uma oração
Não há coisa mais bonita
Que o luar do meu sertão.*

*Terra seca mais danada
Não dá nada, dá saudade
Saudade, saudade que dá
Não dá nada, dá vontade
Vontade de voltar pra lá.*

*Vou mandar rezar um terço
Para ver se de Deus mereço
Uma última bênção
E morrer junto ao meu berço
No luar do meu sertão.*

O que dá pretexto para

CENA 3

Balé mostrando o que vai pela imaginação de Pau-de-Arara. Sertão ao luar, o Pai-do-Mato etc.

(*) Este é o título atribuído por Vinicius no seu manuscrito. O *Livro de letras* traz "Saudade que dá". (N. O.)

CENA 3A

Mendiguinha.*

CENA 4

Uma cena entre Susete e Baby Dourado. Desta vez desaparece um solitário e Susete, furiosa, atribui o roubo a Num-Dô. Ela avisa a polícia.

CENA 5

Batida da polícia. O Mendigo-Espião é desmascarado. Junta-se aos tiras. Brigabalé. Todo mundo em cana, menos as mulheres. Num-Dô morre. Dizem que correu menos rápido, e acabou boiando num rio,** em versão moderna e inoportuna da Ofélia shakespeariana.

CENA 6

As mulheres, sozinhas, dão busca no barraco de Num-Dô e encontram uma fabulosa fortuna enterrada. Fiança solta os mendigos. E todos ficaram quase tão ricos quanto a Pobre Menina Rica. Balé de confraternização entre as mulheres.

CORTINA

CENA 7

Fase capitalista. No terreno baldio agora existe um edifício quase tão alto quanto o da Pobre Menina Rica. Música da inauguração do novo edifício dos mendigos, com toda a pompa e circunstância. Os mendigos a caráter, vestidos exagerados das mulheres etc. O Mendigo-Poeta de terno e gravata. Chega a Pobre Menina Rica e ao ver o Poeta-ex-Mendigo em sua nova indumentária dá um grito de aflição e entra chorando. Mais uma incoerência da psicologia feminina. A Menina Rica, tão apaixonada, preferia que seu amor fosse pobre. E desamou-o por causa do enriquecimento. Por quê? Nem ela sabia. Nem o Mendigo, nem o Poeta, que então canta a sua desventura, sob a sacada vazia.

(*) Segundo Carlos Lyra, essa nova personagem, introduzida quase no final do musical, teria a função de atenuar a solidão de Pau-de-Arara, exposta na canção "Lamento do homem só". (N. O.)

(**) Alusão ao rio da Guarda, onde nos anos 60, durante o governo Lacerda, diversos corpos de mendigos do Rio apareceram boiando. (N. O.)

CENA 8

MENDIGO-POETA (*cantando do palco para o balcão "A minha desventura"*)

    Ah, doce sentimento
    Lindo e desesperador
    Ah, meu tormento infindo*
    Que me vais matar de dor
    Onde estão teus olhos
    Cheios de ternura
    Tua face pura
    Cheia de esperança
    A minha desventura
    É ter perdido o teu amor.

    Ah, se eu pudesse nunca
    Ter magoado o teu amor
    Teu amor tão mais que o meu
    Teu amor tão-só pra mim
    Meu amor tem dó de mim.
    Minha alma te jura
    A minha desventura
    É ter perdido o teu amor.

    Ah, doloroso instante
    De adeus e de dor
    Oh, fere sem piedade
    Amor dilacerante**
    E mata-me também de amor
    Ah, se ela não voltar
    Eu sei que vou morrer de amor...

    Ela se comove e desce. Quando chega encontra o Mendigo-Poeta já com os antigos farrapos e... com ele faz as pazes!

CENA 9

Nessa noite, o Mendigo-Poeta, que tem o estofo de um gentleman, convida sua bem-amada para jantar diante do seu casebre, ao luar, numa mesinha improvisada com um caixote velho e o resto conseguido à base de despachos encontrados pelas encruzilhadas da cidade: uma galinhazinha com uma farofinha ama-

---

   * No *Livro de letras* optou-se por "tormento infinito". (N. O.)
   (**) Variação constante no *Livro de letras*: "Oh, espera sem piedade/ Amor dilacerante". (N. O.)

rela, uma cachacinha, uma velinha acesa para tornar o ambiente mais romântico. A Pobre Menina Rica fica ainda mais apaixonada. Nunca em sua vida tinha ela visto tamanho cavalheirismo. O Mendigo-Poeta, ao vê-la assim abandonada, leva-a para um canto do terreno baldio, onde a executa nas devidas condições. Depois cantam juntos a "Valsa-dueto". De início, o Mendigo-Poeta canta a valsa para a Pobre Menina Rica, em seguida o casal dança o *pas-de-deux*, eco do seu dueto de amor, e finalmente contracantam.

MENDIGO-POETA e POBRE MENINA RICA (*cantando "Valsa-dueto"*)
Ouve, meu amor, escuta a voz
Que vem da solidão
Tudo silenciou
E a noite em nós
É quente de paixão.

Vem, a noite é linda
E eu quero ver no teu olhar
Nascer a estrela da manhã
No céu do amor.

Vem, vamos olhar
O grande céu do adeus
Nesse luar cheio de dor
Cheio de paz
E quando tu não quiseres mais
Amor, vem aos braços meus...

CENA 10

Sem acompanhamento da orquestra, todo o elenco canta "Sabe você?" — cada personagem importante cantando uma estrofe — como para sublinhar a verdadeira posição do Mendigo-Poeta em face de uma sociedade que se reserva cada vez mais diante do amor, da poesia, e da necessidade de comunicação entre os seres humanos.

MENDIGO-POETA
Canção: "Sabe você?"

...
Por isso a minha poesia

CORO
Há! há! você não rouba não!
Há! há! você não rouba não!

CORTINA

1963-5

ENSAIO
Projetos interrrompidos

A inclinação de Vinicius pelo palco é antiga nele. Desde os catorze anos já pensa em poema dramático, teatro em versos, inicialmente de natureza metafísica e transcendental. Depois evolui para os grandes dramas melancólicos, afeitos a uma visão pessimista do humano. Em seguida, e em correspondência a uma transformação interior, engaja-se num teatro de denúncia, onde dá vazão à sua indignação de intelectual de esquerda. Imagina tragédias históricas ou de forte apelo social. Finalmente dedica-se às comédias musicadas, onde aproveita seu talento de letrista e compositor. Percorrendo esses gêneros tão diversos, Vinicius tentou fixar uma trajetória de autor teatral, mas esta foi prejudicada por certo diletantismo e, particularmente, por uma vida de artista, acidentada e imprevisível, que o impediu de investigar, em profundidade, suas reais habilidades de autor dramático.

C. A. C.

OS TRÊS AMORES

Primeira experiência de teatro em versos do aprendiz de poeta, então adolescente. Datada de 1927 (7 pp. dats.) Fragmento:
> "Para mim a mulher é um lindo brinquedo
> Que toca-se de leve, que toca-se com medo
> Que se possa quebrar."

GILDA E ELA

Personagens: Gilda, o Poeta, o Aventureiro, o pai de Gilda. Ao que tudo indica, primeira versão da peça em versos *Cordélia e o Peregrino*. Datada de novembro de 1936. (17 pp. mans.)

UMA ROSA NAS TREVAS

Tragédia. O filho longamente esperado de um casal maduro nasce cego. O pai desespera e não aceita a realidade. A mãe resolve criar o filho numa ilha deserta, para que longe do mundo dos homens ele não perceba sua deficiência. Um dia aparece uma moça, sobrevivente de uma tentativa de suicídio, e revela-lhe o amor e a sua real condição. Ao partir, deixa-lhe como legado a consciência e o sofrimento. Vinicius, que não concluiu esta história como teatro, irá retomá-la como roteiro para um filme nunca rodado, *A grande mentira*, escrito em parceria com Sérgio Sanz.

TRÊS MULHERES

Drama em três atos, cuja ação se passa num sítio em Campos do Jordão, em 1940. (1 p. man.)

HISTÓRIA DE MAGGY
(título alternativo: HÁ SEMPRE UMA ESTRELA NO CÉU)

Moça abúlica, porém linda, vive numa pensão. A mãe resolve explorar a beleza dela e alcança sucesso no empreendimento. Mas a moça se apaixona, estragando os planos da mãe. Brigam ferozmente, a mãe joga-lhe uma tesoura que atinge um olho; Maggy fica cega. Tentam, em vão, um transplante de olho. A mãe, tomada de remorso, entra em rápida decadência. O pai comete suicídio.

O GIGANTE SENTADO NO PENICO
(Instantâneo do Brasil na era de Gagarin)

Tragicomédia em um ato contínuo. Grã-fina, que lê Sartre, aconselha amiga a aproveitar-se do interesse de um político rico, que quer entrar para a sociedade. Jornalistas inescrupulosos se servem de uma pobre candidata a miss que sonha sair na capa de uma revista. (12 pp. mans.)

BLIMP OU AS AVENTURAS DE UM PLAYBOY MARCIANO NA TERRA

Farsa. Marcianos fazem viagem à Terra para conhecer o Carnaval do Rio. Personagens: Blimp, playboy marciano; Blimpetes, seis diminutas marcianas, nuas, verdes, carecas e com antenas; seis brasileiras belíssimas; o Pai-do-Mato etc. Segundo José Castelo, organizador do *Livro de letras*, Oscar Orstein, o empresário da noite carioca, teria encomendado esta comédia à dupla Tom-Vinicius. Os parceiros chegaram a concluir a primeira canção do futuro musical, nada menos que "Garota de Ipanema", espécie de "cartão de visitas sobre a sensualidade tropical dirigido a um extraterrestre". (9 pp. dats.)

A PERNA ORTOPÉDICA

Prevista para dois atos. Personagem: o cônsul do Brasil em Frankfurt. (1 p. dat.)

O PEQUENO PRÍNCIPE

Em 1961, Vinicius prepara a adaptação musical do livro de Saint-Exupéry, que fazia enorme sucesso internacional. Enquanto aguarda autorização da Editora Gallimard, avança até o capítulo VII. Quando recebe a negativa e é obrigado a interromper o trabalho, já havia escrito duas canções: a cantiga de ninar "O carneirinho" e "O meu planeta". (9 pp. dats.)

O carneirinho

Carneirinho, carneirinho
Carneirinho não faz manha
Não faz manha, carneirinho
Que senão você apanha.

Mé-mé-mé
Tiriririm
Mé-mé-mé   } bis
Tiriririm
Que senão você apanha.

Com uma nuvem bem branquinha
Duas contas e um cordão
Também faço um carneirinho
Carneirinho de ilusão.

Mé-mé-mé
etc.

Dorme, dorme, carneirinho
Que "seu" lobo já acordou
Se ele sente o seu cheirinho
Era um dia um carneirô.

Mé-mé-mé
etc.

O meu planeta

Embora muito pequenino
O meu planeta é lindo
Como uma flor azul
É lindo por demais
É uma luzinha muito pura
Brilhando lá na altura
Como uma estrela em paz.

Mas por ser pequenino, não se enganem
O trabalho que ele dá é muito grande...

Todo dia de manhã
Quando o sol nos dá calor
Eu levanto bem cedinho
Pra pegar o aspirador
E limpar o meu planeta
Da poeira do infinito
E passar o espanador
Na minha flor
Senão a minha flor me passa um pito.
Porque tenho uma flor no meu planeta
Tenho uma flor bonita
Por quem morro de amor.

AS MORENINHAS

Adaptação no plural do célebre romance de Joaquim Manuel de Macedo. Comédia musical em dois atos que se passa no tempo presente. (29 pp. mans.)

GANGA-ZUMBA

Tragédia lírica prevista para três atos sobre a personagem histórica. (1 p. man.)

ÓPERA DO NORDESTE

Personagens — Cantador: Jataí; o Pretinho Mudo: Buquim; o Jegue: Formoso; o Bandido-Chefe: Juazeiro; o Bandido-Subchefe: Canhoto. O primeiro quadro encontra o Cantador, o Pretinho e o Jegue acordando em pleno sertão. Cantador canta a "Canção da estrada sem fim". No segundo quadro, o grupo entra no vilarejo com o tema da "Calça branca". Numa entrevista concedida a *Le Bulletin du Festival International de Cannes* em 17 de maio de 1966, Vinicius declara que, em seguida à filmagem de *Garota de Ipanema*, "tenho a intenção de filmar com Glauber Rocha minha história *A ópera do Nordeste*, cujas canções, escritas por Baden Powell e por mim, já estão prontas". Inspirada no *Dom Quixote*, esta obra inacabada teria como protagonistas João Gilberto, no papel do fidalgo-cantador, e Grande Otelo, no de seu fiel escudeiro pretinho e mudo. (1 p. man.)

É PRECISO SEMPRE DIZER ADEUS

Mulher bonita, francesa, de diplomata brasileiro, vai ao médico e descobre que tem câncer no pulmão. (4 pp. dats.)

A publicação deste volume só se tornou possível graças

a pesquisas realizadas nos acervos documentais sob a custódia de

    Arquivo de Literatura da Fundação Casa de Rui Barbosa (Rio de Janeiro)
    Biblioteca Jenny Klabin Segall, Museu Lasar Segall (São Paulo)
    Coordenadoria de Documentação da Funarte — Fundação Nacional de Arte (RJ)
    Setor audiovisual da Biblioteca da União Cultural Brasil-Estados Unidos (SP)

à colaboração de

    Amélia Maria Moreira
    Ana Pessoa
    Carlos Lyra
    Carlos Scliar
    Eliane Vasconcelos
    Fausto Fleury
    Helena Dodd Ferrez
    José Castello
    Zenaide Medeiros

e à cumplicidade de

    Susana de Moraes

C. A. C.

1ª EDIÇÃO [1995]
2ª EDIÇÃO [2004] 1 reimpressão

ESTA OBRA FOI COMPOSTA PELA HELVÉTICA EDITORIAL EM GARAMOND LIGHT
E IMPRESSA PELA GRÁFICA BARTIRA EM OFSETE SOBRE PAPEL PÓLEN SOFT DA SUZANO PAPEL E
CELULOSE PARA A EDITORA SCHWARCZ EM NOVEMBRO DE 2008